Melina B. Hilger

Carlos und der kleine Drache

2. Band

Carlos und der kleine Drache

Geschichten zum Einfühlen, Mitfühlen und Nachdenken

2. Teil

von
Melina B. Hilger

Geschichten nicht nur für Kinder

Lesealter von 6 bis 106

Bibliografische Information der Deutschen Nationalbibliothek:
Die Deutsche Nationalbibliothek verzeichnet diese Publikation in der Deutschen Nationalbibliografie; detaillierte bibliografische Daten sind im Internet über http://dnb.dnb.de abrufbar.

Illustration: Joy Katzmarzik www.leap4joy.de
Herstellung und Verlag: BoD – Books on Demand, Norderstedt

ISBN:978-3-7402-9337

Inhalt

Vorwort für Kinder

Liebe Kinder!

Auch im 2. Buchband geht es in diesen Geschichten darum, wie man sich fühlt, wenn man bestimmte Situationen erlebt, die vielleicht ganz neu sind.

Vielleicht habt ihr noch nie so etwas erlebt, aber sicherlich gibt es einige Kinder in Eurer Umgebung, die solches oder ähnliches schon erlebt haben. So könnt ihr diese Kinder und auch vieles in der Welt bestimmt besser verstehen.

Sucht Euch einen Erwachsenen, mit dem ihr Euch über Wichtiges gerne unterhaltet, der Euch zuhört und bittet ihn darum mit Euch diese Geschichten zu lesen.

Vielleicht zeigt ihr das Buch Eurer Lehrerin und fragt sie ob sie einzelne Geschichten zusammen in der Klasse lesen will.

Ich rate Euch dazu immer nur eine der Geschichten zu lesen. Anschließend könnt ihr gemeinsam darüber sprechen und Euch zusammen Gedanken über das Gelesene machen. Vielleicht mögt Ihr auch etwas dazu malen, einige Bilder sind ja schon in dem Buch.

Ich wünsche Euch von ganzem Herzen viel Freude und Mitgefühl beim Lesen.

Eure Kinderbuchautorin, die dieses Buch extra für Euch geschrieben hat.
Melina Hilger

Ihr könnt mir auch gerne eine email schreiben, wie Ihr das Buch oder einzelne Geschichten findet und was ihr darüber denkt. Ich antworte jedem!

Meine-email-Adresse:
m-hilger@web.de

Vorwort für Pädagogen

Liebe Eltern, Pädagogen, Erzieher und interessierte Menschen, denen unsere junge Generation am Herzen liegt.

Mein Anliegen als Erzieherin und Mutter ist schon seit langem etwas beizutragen für die junge Generation, die das Erbe unseres Planeten tragen muss. Dieses Ihnen hier vorliegende Büchlein mit seinen Geschichten darin – ist im Anliegen geschrieben, Ihnen als Verantwortliche (und sind wir nicht alle für unsere nächsten Generationen verantwortlich?) für Kinderseelen, eine kleine Hilfe an die Hand zu geben.

Es geht um die wirklichen Werte - um Seelenwerte in diesem Buch. Es ist ein „Mitfühlbuch," oder wie ich es gerne nenne „ein Mitgefühlbuch". Und Mitgefühl hat diese Welt wahrlich nötig. Dieses Buch sollte ein wenig Hilfe sein, bei der Bewältigung der so wichtigen Themen wie: Außenseitersein, Behinderungen, Angst, Ausgrenzung, Sündenbock, Angst, Mut, Wünsche, Gewalt, Familienelend, Gedankenlosigkeit und nicht zuletzt „das Wiederwahrnehmen der Natur".

Es sind Geschichten, die nachdenklich machen, die aktuell gerade in der Welt, sogar im nahen Umkreis des lesenden Kindes passieren, mit denen sich die Kinder ohnehin auseinandersetzen müssen. Doch in unserer Verantwortung liegt es, dass sie einen einfühlenden Begleiter dabei haben und so bitte ich jeden, der dieses Buch mit seinen vielfältigen Geschichten benutzt, **die Kinder dabei nicht alleine zu lassen**. Die Geschichten bieten viele

Möglichkeiten, von um beim Lesen ins Gespräch zu kommen." Sie werden erleben, wie sich bei den Kindern die Seelen öffnen und Sie Gelegenheiten in Hülle und Fülle bekommen, um in ihnen zu erkennen, was sie beschäftigt, was sie ängstigt und was sie lieben.

Und wenn Ihr inneres Kind noch lebendig ist, dann werden Sie selbst Gefallen daran finden mit den Ihnen Anvertrauten gemeinsam diese Geschichten zu lesen und zu diskutieren.

Ich wünsche Ihnen viel Freude damit.

Melina B. Hilger

Der Wächter

Kein Land in Sicht. Er trieb schon eine Ewigkeit auf dem Wasser. Geklammert an diesen umgestürzten, schwimmenden Baum. Seine Haut schien sich schon vom Körper zu lösen. Sie war schrumpelig, an manchen Stellen aufgequollen und unansehnlich. Er würde nicht mehr lange durchhalten, das wusste er. Sicher endete er als Wasserleiche, wenn nicht bald Land zu sehen wäre. Wie konnte er sich nur darauf einlassen. So eine dumme Wette. 26 Kilometer waren es bis zu der Insel. Wenn er sie nun verfehlt hatte, daran vorbei geschwommen war? Dann war er jetzt auf dem Weg ins offene Meer. Er war ein guter Schwimmer, aber auch er hatte nur einen menschlichen Körper und Grenzen. Nie hätte er sich auch nur vorstellen können, dass ihn jemals beim Schwimmen die Kräfte verlassen würden. Er kannte niemanden, der so gut schwamm wie er. Er hatte sie beim Marathon und bei Wetten immer alle geschlagen. Deshalb ließ er sich auch auf diese neue Herausforderung ein. Das hatte er nun davon.

Bald würde die Sonne untergehen. Selbst wenn er im Dunkeln im Fünf-Meter-Abstand an der Insel vorbei trieb, so würde er es gar nicht bemerken. Er war verloren. Es geschah ihm recht mit seiner Angeberei. Als ob es nichts Wichtigeres gäbe. Hängend am Stamm döste er eine Weile, da riss ihn ein harter Aufprall aus seiner Zeitlosigkeit.

Was war das? Die Sonne lag schon nahe am Horizont, malte ein wunderschönes, orange-goldenes Farbenspiel auf die leichten Wellen vor ihm. Er sah sich um. Was war das für ein Schlag gewesen? Es klang als wäre er irgendwo angestoßen. Weit und breit nur Wasser und der lange Baum, an dem er hing. Was war das links? Ein grauenhafter Schreck durchfuhr ihn. Er sah eine senkrechte Flosse. Oh mein Gott – ein Hai – das fehlte ihm noch.

Sein Gehirn war plötzlich total wach, sein Körper in Alarmbereitschaft. Panisch spürte er nach unten, würde dieses Tier ihm gleich ein Bein abreißen? Schnell legte er sich längs auf den Baumstamm. Waren da noch mehrere dieser Ungetüme? Gott, - würde er so enden? Als ein blutender, zerfetzter Fleischklumpen im Magen eines oder mehrerer Haie? Er verfluchte sich selbst, wie konnte er so leichtsinnig sein. Immerhin war er schon 14 Jahre alt und müsste eigentlich mehr Hirn in seiner Birne haben.

Die hochstehende Flosse umkreiste ihn jetzt in einem geringeren Radius. Dieses Ungeheuer schien allein zu sein, es waren keine anderen Flossen aufgetaucht. Aber egal, ob von einem oder mehreren Haien zerrissen – tot war tot. Er kramte in seinem gespeicherten Wissen über Haie und verhielt sich ganz still, vermied jede Bewegung. Er erinnerte sich daran, dass er irgendwo gelesen hatte, dass Haie schwimmende Menschen oft mit Seehunden verwechselten. Er suchte voll Panik in seiner Erinnerung, ob er in der letzten Zeit eine Verletzung hatte, durch die vielleicht jetzt Blut austrat, das der Hai riechen und ihn somit angelockt haben könnte. Vielleicht hatte er sich am Baumstamm verletzt.

Ohne die kreisende Flosse aus dem Auge zu lassen, ging er fühlend seine Körperteile durch. Er schien keinen Kratzer zu haben. Aber das würde ihn auch nicht auf die Dauer retten. Die Sonne hatte bereits das Meer erreicht. Wunderschön – wie Gold glänzte die ganze Wasseroberfläche. Sobald es ganz dunkel war, würde das Biest garantiert zuschnappen. Ob Schreien den Hai vertreiben würde? Aber er hatte einfach keine Kraft mehr dazu. Dann fiel ihm ein, dass er ja zur Krone des Baumes schwimmen könnte, und vielleicht würde er durch das Geäst der Baumkrone besser vor Angriffen geschützt sein. Erleichtert zog er sich dorthin zurück. Dort hielten ihn vielleicht auch die Zweige besser fest, falls er irgendwann vor Erschöpfung einschlief und vergaß, sich festzuhalten.

Inzwischen war es nahezu dunkel um ihn. Nur am Horizont – unendlich weit weg – sah er noch einen hellen Streifen. Die Haiflosse konnte er nirgendwo mehr erkennen. So trieb er – im zeitlosen Jetzt dahin. Ergeben schaukelte er in der Krone des Baumes auf und ab, – halb ohne Bewusstsein.

Es wurde schon hell, als er die Augen wieder öffnete. Von einem seltsamen Laut war er erwacht. Drei Meter vor ihm sah ihn ein Auge an. Als beider Blicke aufeinander trafen, ertönte wieder dieser seltsame Laut, und plötzlich erkannte er dieses Geräusch. Es war ein Kekkern, wie er es aus Filmen kannte.

Ein Delphin sprang aus dem Wasser, schlug in einem großen Bogen platschend wieder auf, umrundete ihn noch einmal, und verschwand dann in den Weiten des Meeres.

Kennst du auch Situationen wo du Dich und Deine Fähigkeiten falsch eingeschätzt hast und etwas schief gegangen ist?

Morina Raupe

Es ist einfach unerträglich, pustete die Raupe. Irgendwie werde ich immer fetter und es fällt mir schwer, weiter zu kriechen. Morina die grünorange-schwarzgesprenkelte Raupe sagte das zu einer noch dickeren schwarzgelben ihrer Art. „Ach was, so ist es nun mal, die große Karputa sagte, das ist der Lauf der Raupen und sonstigen Kriechtiere. Vor der Niederkunft wird man eben dick." – „Welche Niederkunft?" rätselte Morina. Als es dunkel wurde, lag sie in ihrem Blatt eingerollt und lugte darunter hervor, blickte geradewegs in das Licht des aufgehenden Mondes. Dieser war auch dick und rund, offensichtlich war Vollmond. Morina war noch nicht müde und dachte über das, was die Schwarzgelbe ihr erzählt hatte, nach. Sollte sie tatsächlich schwanger sein? Es stimmte schon, alle Raupen, die sie bisher kennen gelernt hatte, wurden immer runder und bewegungsunfähiger. Schließlich waren sie irgendwann verschwunden. Keiner wusste wo sie hin gekrochen waren. Weit konnte das nicht sein, denn Morina fiel es jetzt schon schwer sich längere Strecken fortzubewegen. Sie grübelte noch lange in dieser Nacht ohne Ergebnis.

Am frühen Morgen weckte sie ein Regentropfen. Ach nein, nicht schon wieder. Wenn alles naß war fiel ihr jede Bewegung noch schwerer. Sie schleppte sich zu den dicken fleischigen Blättern des Beinwells, von dem sie schon am Vorabend gekostet hatte. Dieser schenkte ihr auch ein wenig Schutz vor dem Regen. Morina kroch den haarigen Stiel empor, um zu den jüngeren, hellgrüneren Blättern zu kommen. Als sie ziemlich weit oben war, brach auch die

Sonne durch und sie trocknete ihren Körper wohlig in den Sonnenstrahlen.

Gerade wollte sie anfangen die köstlichen Blätter zu naschen, als ein Schatten über sie fiel und schwupps hatte sie etwas gepackt und sie fühlte sich schwebend über der Baumgrenze. Morina war nicht schwindelfrei und so drehte sich unter ihr alles. Sie konnte überhaupt nichts mehr erkennen. Sie schloss ängstlich die Augen und fühlte ihr Ende kommen. Sie dachte noch: ‚das ist wohl die große Niederkunft'. Dann spürte sie, dass der Schwindel aufhörte und sie machte schnell die Augen wieder auf. Aber dieser Anblick war auch nicht gerade tröstlich. Sie sah vier offene Schnäbelchen vor sich und ein ohrenbetäubendes Gefiepse. Morina zappelte wild im Schnabel der Mutter-Amsel, als die sich anschickte sie in einen der Schnäbel zu stopfen. Das war ihr Glück, denn durch das Gezappel entging sie haarscharf dem ersten Schnabel des hungrigen Jungvogels. Morina fiel zwischen die Kükenkörper ins Dunkle. Dort verharrte sie erst mal vom ausgestandenen Schrecken völlig reglos und das war gut so.

Denn die Amsel konnte sie so bewegungslos zwischen dem ersten Flaum der Kleinen nicht entdecken. Allmählich hörte das Fiepen auf, die Vogelbabies hatten wohl ihre Schnäbel wieder zu gemacht. Die Mutteramsel verursachte eine Erschütterung des Nestes, als sie weg flog. Die Kleinen schliefen erschöpft ein. Leise, ganz leise kroch Morina vorsichtig durch Federn, Flaum und anderes Nistmaterial, den Nestrand hinauf. So schnell sie konnte robbte sie einen Ast entlang bis zur Rinde des Baumstammes einer großen Eiche. Dann in Blitzgeschwindigkeit (für eine Raupe echt schnell) den Stamm hinunter. Erleichtert verschwand sie unter einem großen Blatt und verschnaufte erst einmal. Morina war unglaublich müde von der ganzen Aufregung geworden und schlief vor Erschöpfung ein. Sie hatte einen sehr schönen Traum: Ein wunderschöner Schmetterling kam zu ihr, er sah herrlich aus wie ein Engel, mit sehr schöner hellgelben Farbe - kam zur ihr und sagte; „Morina ich warte schon lange auf dich, es wurde Zeit nicht wahr – jetzt endlich bist du bereit – schlafe einfach weiter und ich komme wieder wenn du dein neues Kleid anhast. Dann fliegen wir zusammen himmelwärts." Und Morina hörte noch ein Flüstern: „Du bist dann ein Schwalbenschwanz, ein wunderschöner Schwalbenschwanz."

Morina erwachte und öffnete ein Auge, schloss es aber sogleich wieder, denn sie war ungeheuer müde. Sie schlief wieder ein und das für lange Zeit.

Und was passierte dann?

Wisst ihr was ein Schwalbenschwanz ist?

Und wie er aussieht?

Der schlaue Murr

Keine Chance, der kleine Kater Murr war in das vertrocknete Wasserloch gefallen und kam nicht mehr heraus. Wie das wohl passiert sein konnte? Er war auf Entdeckungsreise gewesen und es stimmte schon, dass er nie auf seine Mutter hörte. Diesmal hatte er sich, trotz ihrer Warnungen, wahrscheinlich zu weit vom Hof entfernt. Seit Stunden schon rief er sein miauendes Hallo, in klagenden Tönen, hinauf zu dem Himmelsstück, das er von unten gerade noch sehen konnte. Er fühlte sich schon ganz schwach, und seine Stimme hörte sich jetzt nicht nur kläglich, sondern total krächzend an, und wurde auch immer leiser.

So würde ihn niemand mehr hören. Hätte er doch lieber auf seine Mutter gehört! „Alles würde ich darum geben, wenn ich jetzt wieder an ihrer Zitze saugen könnte", murmelte er vor sich hin.

„*So, du würdest alles darum geben? Wirklich?*" Das Loch oben hatte sich verdunkelt. Kein blauer Himmel war mehr zu sehen. „Wer bist du?" rief Murr hinauf. „*Ein Freund*", antwortete ihm eine schmeichelnde Stimme.

„Das ist gut, ich kann jetzt einen Freund gebrauchen."

„*So? Kannst du?*"

„Ja, natürlich, siehst du denn nicht, in welcher Lage ich bin?"

„*Doch, aber was bekomme ich, wenn ich dir helfe?*"

„Aber ich habe doch nichts, was könnte ich dir denn schon geben?"

„*Na, dein Leben zum Beispiel.*"

„Mein Leben? Da kann ich ja gleich hier unten bleiben."

Der Fuchs oben dachte nach. *„Ein wirklich schlaues Bürschchen"*, dachte er bei sich. *„Na gut, du hast schon recht! Aber du könntest mir dienlich sein."*

„Wie denn?"

„Nun, du könntest mit mir zu dem großen Hasenbau gehen und die darin lebenden Hasen heraus treiben. Ich bin zu groß, um da hineinzukriechen."

„Ja, das könnte ich wirklich tun. Aber, was machst du dann mit den Hasen?"

„Na, was wohl, ich fresse sie."

„Woher weiß ich aber, dass du mich nicht auch frisst?"

„Das musst du mir eben glauben."

„Ne, das ist mir zu gefährlich. Wenn du Hasen frisst, dann frisst du Katzen bestimmt auch. Und gefressen werden ist viel schlimmer, als hier unten zu verhungern."

„Hm, du bist gar nicht dumm. Aber ich bin ein Fuchs und ich fresse viel, viel lieber Hasen- als Katzenfleisch. Und außerdem ist an dir ja noch gar nichts dran."

Murr überlegte. „Gut", meinte er. Auf diesen Handel konnte er sich einlassen, aber wohl war ihm nicht dabei.

Der Fuchs ließ ihm den buschigen, roten Schwanz hinunter, und der kleine Kater hangelte sich daran hoch. Als er oben stand, meinte der Fuchs: *„So, jetzt komm mit. Dort sind die unterirdischen Hasenhöhlen. Schlüpf hinein und jage die Leckerbissen heraus, - ich warte hier".*

Murr robbte in das vor ihm liegende Hasenloch. Nach einer Weile mündete der Gang in einer größeren Höhle. Dort lagen fünf kleine, noch blinde Häschen in einem weichen Nest aus Hasenhaaren. Sie waren allerliebst anzusehen. Mutter Hase allerdings fauchte den Kater an: *„Was willst du hier?"* Sie war mit ihren riesigen Vorderzähnen auf ihn zugerannt, als wollte sie ihn gleich zerfleischen.

„Halt!" rief Murr, „draußen ist der Fuchs und er will, dass ich euch hinausjage. Ich will das aber gar nicht. Bitte lasst mich so lange hier bleiben, bis er fort ist."

Die Hasenmutter beruhigte sich wieder und meinte: *„Natürlich kannst du solange hier bleiben. An welchem Loch sitzt er denn?"*

Kater Murr zeigte in die östliche Richtung. Die Hasenmutter beäugte ihn immer noch misstrauisch. Schließlich kamen nicht jeden Tag Katzen in ihre Unterkunft. Aber sie sah schon, dass Murr nur ein kleines Kätzchen war und ganz bestimmt keine Bedrohung für ihre Jungen.

Lange kauerten alle im Bau. Draußen hörten sie ein zorniges Bellen, das der Fuchs von sich gab. Mittlerweile hatte er erkannt, dass er wohl reingelegt worden war.

Nach langer Zeit, es war schon fast dunkel, schlüpfte die Häsin in westlicher Richtung einen Gang entlang. Die Hasenhöhlen sind immer mit vielen langen unterirdischen Gängen verbun-den, manchmal kilometerweit.

Als die Häsin zurückkam, meinte sie zu Murr: „Komm mit, er ist jetzt weg. Ich bringe dich zu dem Ausgang, der am nächsten zu deinem Hof liegt." Der kleine Kater folgte ihr glücklich. Bald würde er wieder bei seiner Mami sein.

Beide witterten noch lange am Ausgangsloch, und ob die Luft rein war. Dann verabschiedeten sich die beiden. Murr bedankte sich bei der Häsin dafür, dass sie ihm den Weg zurück gezeigt hatte. Die Häsin dankte ihm dafür, dass er sie gewarnt hatte. Ganz schnell raste Murr nach Hause in die Scheune. Er wurde mit begeistertem Miauen von seiner Mutter empfangen und warf sich glucksend vor Freude an eine der freien Milchzitzen.

Füchse sind zwar schlau, Katzen aber ebenso.

Auch kleine ....können schlau sein und sich einen Ausweg ausdenken!

Margarita und die Jungs

„Margarita" tönte es von der Straße her im Chor. Margarita schaute zum Fenster hinunter. Als sie die beiden Jungen sah, überlegte sie, ob sie sich aus dem Haus schleichen sollte. Sie legte den Zeigefinger an die Lippen und bedeutete so den Beiden, sie sollten still sein. Die verzogen sich gleich darauf folgsam zu den Büschen auf dem gegenüber liegenden Spielplatz. Sie hatte Hausarrest und das auch zu Recht. In letzter Zeit hatte sie wirklich viel Unfug angestellt. Und einiges davon hatte ihr Vater noch gar nicht herausgefunden. Sie wusste auch, dass es nicht in Ordnung gewesen war, die alte Frau von gegenüber zu quälen, indem sie ihr den Hund, ihr ein und alles, entführten.

Margarita dachte auch darüber nach, ob ihr Vater nicht recht hatte, indem er ihr den Umgang mit den beiden Jungs verbot. Seit sie mit diesen Kerlen ihre Freizeit verbrachte, war sie in eine Menge spannender, aber auch teilweise gefährlicher Sachen verwickelt worden. Sie hatte nicht immer rechtzeitig erkannt, dass einiges davon richtig dumm gewesen war. Zum Beispiel hatte die alte Frau einen Herzanfall erlitten, als sie den blöden Zettel gelesen hatte, auf dem sie die Lösegeldforderung unter der Drohung, ihren Liebling zu töten, geschrieben hatten. Gut, sie war nicht gestorben, aber sie lag immer noch im Krankenhaus und es war gut möglich, dass sie doch noch starb. Den kleinen Mischlingshund hielten die drei „Entführer" immer noch versteckt in den Häusern der verfallenen alten Siedlung. Der arme Kerl war immer solange allein und auch noch angebunden, während sie in der Schule waren. Sie hatten nicht gewagt, ihn der Frau wieder zu geben, wie auch, wo sie doch im Krankenhaus lag.

Sie hatten hin und her überlegt, ob sie ihr einen Brief schicken sollten, dass ihr Hund noch lebte und an einer bestimmten Stelle auf sie warten würde, oder so etwas Ähnliches. Aber sie hatten Angst, dass sie geschnappt werden könnten. Und so hatten sie den kleinen Hund immer noch versteckt und mussten für ihn sorgen.

Jetzt galt es, den Vater zu überlisten, um mit den beiden Jungs zu dem armen Hund zu kommen. Sie schlich in die Küche und packte ein bisschen Wurst, eine Tüte Milch und ein Brötchen in ihren Rucksack. Dann schrieb sie einen Zettel „Bin in der Bücherei" und klebte ihn mit Tesafilm an den Spiegel im Flur. Sie drückte vorsichtig die Klinke herunter, die manchmal laut quietschte, und schloss die Türe hinter sich - geübt und beinahe lautlos. Sie sprang die Treppe hinunter und raste anschließend zu den Büschen am Spielplatz. Atemlos kam sie dort an, wo ihre beiden Freunde schon warteten. „Los, lasst uns zu Fipi gehen, der arme Kleine wird schon am Verhungern sein." Die Jungs lachten und Pit meinte cool: „Na wenn schon, dieser Teetassenhund, wer vermisst den schon, dann folgt er halt der alten Schachtel ins Nirwana."

Entsetzt schaute ihn Margarita an und sie dachte, dass es langsam Zeit wurde, sich von diesen rohen Jungs zu trennen. Jetzt musste erst mal der Hund gerettet werden. Sie liefen um die Wette zum Versteck. Pit kam als erster an, dann Klaus und schließlich Margarita. Es herrschte völlige Ruhe. Sie vermissten das Gejaule und das Begrüßungsgekläffe, als sie in dem Keller ankamen. Ein Schreck durchfuhr Margarita: er würde doch nicht tot sein? Dann standen die Drei stumm vor der Hundeleine, die völlig zernagt noch an dem Haken fest-gebunden war.
„So 'ne Scheiße" rief Klaus und Pit trat ärgerlich gegen die Wand. Einzig Margarita grinste in sich hinein. Sie durfte sich ihre Freude auf keinen Fall anmerken lassen.
Aber sie war auch in Sorge. Sie hatte schon viel über Hunde gelesen, dass sie von überall her zu-

rückfinden würden, aber sie zweifelte schon, ob dieser kleine verwöhnte Hund auch über solche Fähigkeiten verfügte. Schnell verabschiedete sie sich von den beiden Jungs und log, ihr Vater würde sie sonst suchen, wenn sie nicht in einer Stunde wieder zu Hause wäre.

Sie sauste wieder zurück und gleich weiter zu dem Haus, wo die alte Frau wohnte, wenn sie nicht im Krankenhaus lag. Sie fand den kleinen Fip zusammengekauert unter der dunklen Trep-pe an der Eingangstüre des Hauses. Sie nahm den schwanzwedelnden, aber zitternden kleinen Kerl in die Arme und machte sich entschlossen auf den Weg ins Krankenhaus. Sie wusste, dass man sie mit dem Hund nicht zu der alten Frau lassen würde, deshalb steckte sie ihn vor der Pforte schnell in den Rucksack und stellte ihn unter dem Schalter ab, während sie nach Frau Gebert's Zimmer fragte.

Als sie die Auskunft bekommen hatte, nahm sie schnell an der nächsten Ecke den Kleinen heraus und steckte ihn unter ihre Jacke. Das klappte ganz gut, der Kleine war so verängstigt, dass er sich ruhig und zitternd an sie schmiegte. An der Zimmernummer 212 klopfte Margarita zaghaft an die Türe, und als sie das Herein hörte, drückte sie die Klinke herunter. Frau Gebert thronte im Bett, vor sich das Tablett mit dem Abendessen. „Guten Tag Frau Gebert, schauen Sie, was ich gefunden habe, ich glaube, der gehört Ihnen, oder?" Marga hatte mit diesen Worten den kleinen Fip unter dem Pullover hervorgeholt und als dieser sein Frauchen sah, zappelte er wilde Töne von sich gebend, in den Händen des Mädchens. Margareta setzte den Kleinen auf der Bettdecke ab, und der wuselte so schnell er konnte auf Frau Geberts Gesicht zu und schleckte sie unentwegt ab.

„Ach, mein Lieber, ach mein Lieber….." murmelte die alte Frau mit Tränen in den Augen „Du liebes Kind, wo hast Du ihn denn gefunden?" Und sofort kramte sie in ihrer Handtasche und wollte Elisabeth einen 50-Euro-Schein in die Hand drücken. Doch Marga lehnte dankend ab. Sie hatte auch so schon ein schlechtes Gewissen, für diese Tat wollte sie nicht auch noch Geld bekommen. Sie verabschiedete sich von der überglücklichen Frau und lief schnell in die Bücherei, für den Fall, dass ihr Vater sie dort suchen würde. In der folgenden Nacht schlief sie endlich mal wieder ohne Alpträume durch.

Hast du auch schon mal bei etwas mitgemacht, weil andere es gemacht haben und es später bereut? Warum?

Die leckere Feige

Er fand das nicht gerade witzig. Schon zwei Stunden torkelte er jetzt durch die Gegend und konnte den Eingang nicht finden. Wenn nicht bald ein Wunder geschah, würde er nicht mehr lange überleben. Das hatte er nun von seiner Gefräßigkeit. Die Feige war einfach zu verlockend gewesen, und zu seinem Glück oder Unglück hing sie so tief, dass er einfach nicht anders konnte, als aus seinem Loch zu steigen, ganz gegen seine sonstige Art. Zu allem Überfluss saß sie dann so unglaublich fest am Ast, und mit seinen Schaufelpfötchen bekam er sie nicht richtig zu fassen. Zuerst hängte er sich regelrecht daran und schaukelte, er hoffte so die Frucht zum Fallen zu bringen. Schließlich stemmte er sich mit den Hinterfüsschen und mit aller Kraft gegen den Stamm des Feigenbaumes. Als sie endlich nachgab, ging alles sehr schnell. Die Feige riss mitsamt dem Stiel ab, und Maulus fiel im hohen Bogen auf die Erde. Er dachte noch, trotz der Schmerzen im Rücken, die ihm der Fall einbrachte, „bloß nicht loslassen" und rollte mitsamt der lila Feige ein gutes Stück einen Hang hinunter.

Dann saß er da mit dieser wunderbaren Frucht und wusste nicht mehr, wo sein Loch war, aus dem er herausgekrochen war. Er hatte völlig die Orientierung verloren und so gut er sich auch unter der Erde auskannte, oberirdisch war er blind und verloren. Er schulterte die schwere Mahlzeit und taperte nun schon viel zu lange in der sonnendurchfluteten Wiese. Jeden Augenblick konnte ein grässliches Tier kommen, und ihn samt seiner Speise verschlucken.

Er hatte viele Feinde an der Oberfläche: Katzen, große Vögel, Hunde und weiß der Teufel welche noch. Er wollte aber diese köstliche Feige keinesfalls loslassen.

Seine sechsköpfige Familie wartete auf diesen Leckerbissen und sie würden sich so sehr darüber freuen - schließlich war er ein guter Vater. Außerdem bot dieses schwere Gebilde auf seinem Rücken einen gewissen Schutz vor dem Erkanntwerden. Wenn sich tatsächlich ein Vogel im Fluge nähern würde, bestand eine gute Chance, dass der erst einmal die Frucht zu fassen bekam und nicht ihn. Er wäre zwar ohne sie schneller, aber allzu schnell sind Maulwürfe sowieso nicht, und sie spendete auch Schatten, denn Maulwürfe vertragen die Sonne sehr schlecht. Blind und völlig erschöpft landete Maulus (er müsste eigentlich Muli heißen, so wie er sich abschleppte) schließlich an einem Loch. Es war zwar nicht seines - sondern ein Mauseloch.

Er schnupperte angewidert den Geruch des Mäuserichs, aber immerhin, der Mauseingang war sogar größer als sein Maulwurfeingangsloch. Aber leider war die Feige immer noch zu groß, um sie dort hinein zu transportieren. Nun war er total ratlos - was sollte er tun? Erst einmal blieb er erschöpft liegen und streckte seine Füßchen aus, vielleicht konnte er so besser nachdenken. Schließlich fiel ihm nur eine Lösung ein, er musste seine Familie suchen gehen und sie hierher lotsen, damit sie zusammen das Festmahl genießen konnten. Ein wenig erholt, machte er sich unterirdisch auf den Weg, und nach einigen Stunden hatte er auch die Richtung wieder gefunden, in der sein Bau lag. Er musste noch einen Verbindungsgang schaufeln, um ihn zu erreichen.

Während des Grabens begegnete ihm der Wühl-Mäuserich Fips, der dieses Tunnelsystem gegraben hatte. Maulus war höflich und bedankte sich dafür, dass er seine Gänge benutzen durfte, und erzählte ihm, warum er hier herumkroch. Fips hörte aufmerksam zu und fragte dann dem Maulwurf: „Wo ist denn deine Frucht?"

„Also, das verrate ich dir nicht."

Aber dann überlegte er und dachte, wenn ich ihm einen Teil der Feige überlasse, passt er vielleicht darauf auf. Also schlug er Fips diesen Handel vor. Der war gleich damit einverstanden und nach der Wegschilderung lief er sofort los und versprach, dass er gut aufpassen würde.

Einige Zeit danach kam Maulus endlich in seinem Bau an. Glücklich begrüßte er seine Familie und Mauline schimpfte ihn, dass er so lange fort gewesen war und nun mit leeren Schaufeln ankam. Nach einigen Erklärungen machte sich die ganze Familie auf den Weg zu der liegengebliebenen Feige. Das dauerte zwar nicht so lange, wie er unterwegs gewesen war, aber doch sehr lange, weil die Füßchen seiner Kinder noch sehr kurz waren. So kamen sie erst nach Mitternacht an jenen Eingang.

Maulus war vorangegangen und wunderte sich, dass er plötzlich am Ende des Ganges ins Freie schnuppern konnte. Es roch eindeutig nach Feige, aber er fand nur noch den Stiel der Frucht. So kam es, dass Wühlmäuse und Maulwürfe Feinde wurden, und sich seitdem gegenseitig die Engerlinge, Schneckeneier und Würmer wegessen. Und bis auf den heutigen Tag ist das so geblieben

Glaubst Du das?
Fressen Maulwürfe überhaupt Feigen?
Was ist die Hauptnahrung von Maulwürfen?

Bombo – Der sprechende Bär

„Hey," rief der kleine Bär Bombo, als er den gelben Bären in der großen Blumenvase entdeckte. „Wie siehst denn du aus? – Na, hast du keine Sprache?" Kleiner Bär überlegte, - vielleicht war er ein Ausländer und er verstand ihn nicht. Er winkte ihm fröhlich und lachte ihn an. Keine Reaktion – so ein sturer Bock. Na ja, er wollte auch nicht ungerecht sein, schließlich kannte er ihn ja noch nicht. Er erinnerte sich an die Worte seiner Mutter: 'Mach dir erst ein Bild – wenn du den andern gut kennst! Nun gut, aber der gelbe Kerl machte keinerlei Anstalten, dass er kennengelernt werden wollte. Er zuckte mit keiner Wimper und sah stoisch in eine Zimmerecke. Kleinem Bär war langweilig, er wollte sich mit jemandem unterhalten, und nun gab es da weit und breit keinen, der für Kurzweil sorgen könnte.

Er wurde dösig und war wohl ein wenig eingedämmert, als die Türe aufgerissen wurde. Er spürte eine große Erschütterung im Bett, auf dem er lag, und schon fühlte er sich hochgehoben und davon getragen. Puh, dachte kleiner Bär, – so was. Dann verdrehte er erst mal den Kopf ein wenig, um zu sehen, wer ihn da so unsanft aus seinem Schläfchen gezerrt hatte. Er musterte den Jungen, – schwarze Haare, rote Ohren und Backen, ein schmutziges Gesicht und vor allem ganz schmutzige Hände, die ihn hart an einen ziemlich übel riechenden, dicken Bauch pressten. Dieser Junge war ihm nicht gerade sympathisch, er keuchte ächzend, als er mit ihm die Treppen hinunter lief, und er roch sehr nach Schweiß. Er hörte hinter sich die Stimme seiner Freundin Lissy: „Pitt - lass meinen Bären los – sofort – sonst sag ich es deiner Mutter und die haut dich dann wieder!" - „Äätsch, ätsch krieg mich doch!"

rief der übergewichtige Junge mit den groben Händen, bog um die Ecke, warf sich auf die Erde und kroch unter eine Hecke. Lissy folgte ihm auf den Fersen, sah ihn aber nicht in seinem Versteck, und lief vorbei. Bärchen rief laut hinterher: Hier bin ich doch!. Aber sie schien ihn nicht zu hören. Keiner hörte heute auf ihn. Und was dieser Junge hier vorhatte – das begriff er auch nicht.

Kaum war Lissy verschwunden, kroch der Junge unter der Hecke hervor und rannte mit Bombo in die entgegengesetzte Richtung davon. Jetzt bekam kleiner Bär wirklich Angst, der wollte ihn doch nicht wirklich von Lissy trennen? Nicht dass er auf Lebenszeit bei diesem unmöglichen Jungen bleiben musste. Allmählich hörte Pitt auf zu rennen und ging gemütlicher seines Weges. Er steckte sich Bombo unter das Hemd. Igitt, der Junge stank wirklich grässlich, er hatte sich sicher schon lange nicht mehr gewaschen und sehen konnte der Bär auch nichts mehr. Nach einer langen Weile hörte er, wie der Junge mit jemanden sprach, und lauschte angestrengt.

„Hallo Pitt, was machst du denn hier?" „Och, ich warte hier auf einen Käufer", meinte Pitt. „Was haste denn zu verkaufen?" „Einen ganz wertvollen Bären" flüsterte Pitt. „Wieso wertvoll?" meinte der andere Junge. „Na – weil das Mädchen, das ihn vorher hatte, gesagt hat, dass er mit ihr sprach. Ich hab's auch selber gehört." - „Zeig her" und Pitt holte Bärchen unter seinem T-Shirt hervor und er wurde aufmerksam begutachtet. „Hey, der spricht doch nicht" und drückte auf Bombo herum, „der hat nicht mal einen Drücker im Bauch" – meinte der fremde Junge. Pitt antwortete: „Freilich spricht der jetzt natürlich nicht, er kennt dich ja gar nicht und außerdem spricht er

nur mit denen, die ihn kaufen." „Ach du spinnst ja –
für wie viel verkaufst du ihn denn?" „Für zehn Euro",
meinte Pitt „aber wenn du nicht willst...". Der andere
Junge meinte: „Ich kann es ja meiner kleinen
Schwester sagen, die hätte vielleicht Interesse, aber
zehn Euro sind einfach zuviel". Kleiner Bär hatte
sehr genau zugehört, und als er dann auch noch
hörte, wie die Beiden für den nächsten Tag ein Treffen zur selben Zeit und am selben Ort ausmachten –
wo der Junge seine kleine Schwester mitbringen
wollte, - da war er wirklich empört und am liebsten
hätte er ganz laut geschimpft. Aber wie Pitt schon
sagte, er sprach schließlich nicht mit jedem. Lissy
war bestimmt auch ganz traurig und würde ihn
schon überall suchen.

Pitt versteckte den Bären wieder unter seinem
Hemd – was Bombo ganz fürchterlich fand – und
machte sich auf den Nachhauseweg, es dämmerte
schon. Als er die Füße auf dem Abstreifer sauber
kratzte und die Türe aufmachte, tönte ihm schon die
harte Stimme seiner Mutter ins Ohr: „Da bist du ja -
du Scheißkerl, was hast du schon wieder angestellt.
Die Mutter von Lissy hat angerufen und sich be-
schwert, dass du ihr einen Bären gestohlen hast, wo
hast du den Bären?" Pitt holte blitzschnell den Bären
unter seinem Hemd hervor und steckte ihn ebenso
schnell in einen seiner Gummistiefel. Keinen Augenblick zu früh, denn seine wütende Mutter kam
schnell um die Ecke und Platsch hatte er auch
schon eine Ohrfeige, so dass er über die Schuhe
purzelte. „Wo hast du den Bären?" schrie sie ihn mit
puterrotem Gesicht an. „Den hab' ich nicht, ehrlich!"
Und schon hatte er wieder einen Schlag auf seinem
Kopf, er konnte sein Gesicht gerade noch rechtzeitig
wegdrehen. Trotzdem, der Schlag hatte gesessen,

es brummte ihm der Schädel. „Gib's zu! Du gehst morgen hin und entschuldigst dich, verstanden?" - „Ja, aber ich hab den Bären nicht" log Pitt und verschwand schnell in sein Zimmer. Dort schmiss er sich auf das Bett und bemühte sich, nicht zu heulen.

Inzwischen ging es Bombo gar nicht gut in dem Stiefel. Erstens war es dunkel, zweitens war er kopfüber ein-geklemmt. Und drittens stank es unglaublich in diesem Stiefel. Außer-dem hatte er Angst, denn trotz seiner schlimmen Lage hatte er doch mitbekommen, dass Pitt offensichtlich einen Drachen als Mutter hatte. Wie anders war da die Mutter von Lissy, sie hatte eine sanfte Stimme, wenn sie Lissy abends im Bett gute Nacht sagte, und ihr Bombo-Bär in die Arme legte und ihnen beiden ein Küsschen gab. Was sollte nun aus ihm werden? Nach einer unglaublich langen Zeit spürte er plötzlich eine Hand, die ihn aus seiner misslichen Lage befreite und ihn die Treppen hinauftrug. Es war stockdunkel aber oben angelangt sah er im Türrahmen dann, dass es Pitt war, der ihn aus dem Stiefel erlöst hatte. Er wurde unsanft auf das Bett geworfen, aber das war weitaus besser, als in dem Stiefel kopfunter zu stecken und auch das Bett roch angenehmer als der Gummischuh.

Bombo bemerkte, dass Pitt offensichtlich geweint hatte. Fast tat er ihm schon leid, es war ja kein Wunder, dass der Pitt so gemein war, wo doch seine Mutter eine so unerbittliche Frau war. Aber dann fiel ihm wieder Lissy ein und da wurde er wieder wütend und mitleidlos. Der Junge schmiss sich auf das Bett direkt neben ihn, so dass alles wackelte und begann in einem Buch zu blättern. Dann nach einer Weile schlief er ein – mit den Kleidern im Bett und bei noch brennender Nachttischlampe. Bombo dachte, das sind ja vielleicht Sitten, es verwunderte ihn nicht mehr, dass Pitt so stank. Er ging mit den gleichen Kleidern zu Bett und das offensichtlich auch noch ungewaschen. So etwas hatte er noch nie erlebt und er konnte lange nicht einschlafen.

Mitten in der Nacht wachte er von einem unbekannten Geräusch auf, das wie Weinen klang. Inzwischen hatte jemand die Lampe ausgemacht und er spürte neben sich den Jungen schniefen. Bombo fühlte sich mit einem Mal gepackt und ganz nahe an eine Brust gedrückt und obwohl der Geruch nicht angenehm war, fühlte er doch, dass es dem Jungen nicht gut ging, dass er weinte und traurig war. Er konnte nicht anders, der Junge tat ihm einfach leid, - war er denn nicht ein Kuschelbär und zum Trost für Kinder geschaffen?

Während er noch so darüber nachdachte, fing Pitt plötzlich leise an zu sprechen: "Hallo Bär, die Lissy hat gesagt, dass du sprechen kannst – ich möchte, dass du mit mir auch sprichst, denn ich habe eigentlich niemanden, mit dem ich reden kann." Nach einer kleinen Weile Schweigen fuhr er fort: „Ich verstehe ja, dass du nicht mit mir reden magst, schließlich habe ich dich doch der Lissy weggenommen. Aber vielleicht bist du so nett und sprichst irgendwann mit mir, wenn ich dir verspreche, dass ich mich bessern werde" – „Du musst mir heute nicht antworten, ich sehe schon ein, dass du mir noch böse bist, aber ich will recht gut für dich sorgen und schauen, dass du es gut hast bei mir." Bombo war nicht gewillt, mit diesem – zugegeben – armen Jungen zu reden, sein Stolz über diese rohe Behandlung war noch nicht überwunden. Es war nun still geworden in diesem Bett und beide waren schließlich eingeschlafen.

Am Morgen sprang Pitt aus dem Bett und fluchte: „Verdammt, schon wieder zu spät" und wollte schon mit der Schultasche aus der Türe rennen, als er sich besann und leise murmelte: „Guten Morgen, kleiner Bär, willst Du mit in die Schule?" – Er wartete keine Antwort ab und sondern wickelte den Bären in ein leidlich sauberes Taschentuch und verstaute ihn in seinem Schulranzen. Er hörte, wie er unter dem Geschimpfe seiner Mutter das Frühstück verdrückte und schließlich ging es mit Holterdipolter auf den Weg zur Schule. Mano - dieser Junge, hatte er denn überhaupt kein Einfühlungsvermögen? Bombo wurde in dem Ranzen hin und her gestoßen. Mal bohrte sich die Ecke seines Erdkundebuchs in ihn hinein, mal fiel ihm das Federmäppchen auf den Kopf. Endlich wurde es ruhiger, er hörte, wie sich eine Türe öffnete und die Stimme eines strengen Lehrers rief:

„Aha, natürlich wieder der Pitt – zu spät. Das hieß wieder mal nachsitzen – nach der letzten Stunde". Der arme Junge, er hatte es wirklich nicht leicht, keiner weckte ihn morgens, so wie Lissy immer geweckt wurde. Wie konnte der Junge so rechtzeitig zur Schule kommen? Aber nun im ruhig gewordenen Schulranzen begann eine recht interessante Zeit für Bombo. Erst lernte er rechnen mit Zahlen, dann hörte er viel über die Stadt, in der er lebte und schließlich durfte er auch noch mit in den Sportunterricht. Als alle umgekleidet und in den Turnhosen in einer Reihe aufgestellt waren – Pitt war der größte und damit der erste in der Reihe – da lugte Bombo vorsichtig heraus, um zu sehen, was denn Sport war. Der Lehrer hieß erst alle einmal ein paar Runden laufen und dann mussten sie komische Sachen machen. Zum Beispiel ruderten sie mal unten – mal oben mit den Armen, liefen auf der Stelle und schließlich sollten sie über so ein Ding springen, dass sie Pferd nannten. Bombo beobachtete die Schüler dabei. Als Pitt an die Reihe kam – schaffte er es nicht hinauf auf das Turngerät, – er schien einfach zu schwer dafür zu sein.

Der Lehrer war gnadenlos, und ließ Pitt noch drei Mal wiederholen, mit demselben Ergebnis. Jedes Mal lachten sich die anderen Jungs halb tot. Nein, Pitt hatte es echt nicht leicht und er merkte auch, dass die anderen Jungen ihn ständig stießen und knufften, wenn er in ihre Nähe kam. Als die Sportstunde aus war, musste Pitt noch nachsitzen. Das war langweilig für Bombo. Pitt saß da und starrte aus dem Fenster und der Lehrer las in einem Buch. Als es läutete, durfte Pitt endlich gehen, nicht ohne die ermahnenden Worte seines Lehrers. Auf dem Heimweg traf er den Jungen von gestern, der fragte ihn, ob der Bär immer noch zehn Euro kosten würde. Doch Pitt meinte, er habe ihn gestern noch für zwanzig Euro verkauft. Der andere Junge staunte und lief dann in die andere Richtung.

Pitt sollte den Bären zurückgeben und sich bei Lissy entschuldigen. Aber er beschloss es nicht zu tun. Der Bär gehörte jetzt ihm. Die Lissy hatte ohnehin alles, was man sich so erträumte. Sie wohnte in einem tollen Haus, hatte eine liebevolle Mutter und einen reichen Vater, der irgendein hohes Tier in der Politik war. Sie konnte sich schließlich einen neuen Bären kaufen. Er konnte das nicht. Also war es für ihn klar, dass er den Bären behielt. Aber nach Hause traute er sich auch noch nicht, seine Mutter würde ihn wohl fragen, ob er den Bären zurück gebracht hätte. Je später er zurückkam, desto wahrscheinlicher war es, dass sie genug getrunken hätte und vor dem Fernseher eingeschlafen war.

Pitt überlegte, wie er den heutigen Nachmittag rumkriegen könnte und Bärchen überlegte, ob er ihn wohl an die Hausaufgaben erinnern sollte, aber der Groll war immer noch in ihm. Pitt schlenderte an seinen Lieblingsort in einem lichten Waldstück, dort hatte jemand liebevoll einen kleinen Garten angelegt. Er schlüpfte durch ein Loch im Zaun und setzte sich an den kleinen Bach unter die Trauerweide und betrachtete das kleine Mühlrädchen. Es schaufelte tatsächlich Wasser aus seinen Schaufelchen. Dann sah er zu den Stachelbeerbüschen hin und stellte fest, dass die schon rötlich leuchteten. Er bemerkte, dass er richtig hungrig war, und packte erst mal sein Butterbrot aus und verschlang es schnell. Als Nachtisch gab es Stachelbeeren. Dann legte sich Pitt gesättigt und zufrieden auf die Wiese in der Sonne, auch Bärchen holte er aus dem Rucksack und legte ihn neben sich, dass er ein wenig Sonne abbekam. So vertrödelte Pitt den Nachmittag und dachte nicht mehr an Lissy.

Als es schon dunkel war, kam Pitt zu Hause an. Er sah das Flimmern des Fernsehers im Wohnzimmer, aber es blieb alles ruhig und kein Licht brannte. In großen Schritten schlich er – die knarzenden Stufen meidend – die Treppe hoch.

Pitt verzichtete wieder auf einen Badbesuch, legte aber wenigsten seine übelriechende Kleidung ab, und zwang sich in einen nicht mehr ganz sauberen Schlafanzug. Er holte Bärchen wieder aus seinen Schulsachen und sie legten sich gemeinsam ins Bett. Heute machte er gleich das Licht aus, er wollte keinesfalls seine Mutter herauf beschwören. Kein Laut war von unten zu hören. Pitt begann wieder mit Bombo zu reden, es war ein ziemlich ein-seitiges Gespräch: "Hallo Bärchen, du gehörst jetzt mir, ich werde dich nicht verkaufen, ich werde gut für dich sorgen. Es tut mir leid, wegen Lissy, aber du musst einsehen, dass ich dich viel nötiger habe – als sie." Bombo dachte: da hat er recht – aber er war noch nicht so weit ihm zu antworten. Der Junge sprach weiter mit ihm: "Ich gebe dir jetzt einen Namen – du sollst von nun an Bimbo heißen – wie gefällt dir der Name? Bitte sprich doch mit mir, bitte sei mir nicht mehr böse." Das waren die letzten Worte, bevor ihm die Augen zu fielen. Im Geheimen dachte Bombo, dass der Junge mit seiner Namensgebung gar nicht weit neben seinen richtigen Namen lag, den ihm Lissy gegeben hatte.

Am nächsten Morgen wieder dasselbe Spiel. Pitt schreckte hoch und vermied es diesmal in die Küche zu gehen, er fürchtete, seine Mutter könnte ihn sehen und ihn nach der Entschuldigung bei Lissy fragen. Er schlich langsam die Treppe runter. Sein Magen knurrte. Er beschloss, doch noch auf Zehenspitzen in die Küche zu schleichen, und sich dort schnell noch etwas zu essen zu holen. Zum Glück war seine Mutter nirgends zu sehen. Er nahm sich schnell eine Packung Kekse, und war wie der Blitz draußen. Auch Bimbo hatte er noch schnell in seinen Rucksack eingepackt. Während er die Straße zum Schulhaus entlang stürmte, stopfte er sich die Kekse in den Mund. Schon wieder zu spät, kein einziges Kind war mehr auf dem gewohnten Schulweg zu sehen. Ob er überhaupt noch reingehen sollte? Er wusste nicht einmal, was für Fächer er heute hatte.

Er schlug sich fast den Kopf an der Eingangstüre an - die Türe gab nicht nach. Was war das? Was für ein Tag war heute? Ach du lieber Scholle – heute war doch Sonntag – hatte er völlig verpeilt. Mensch, da hätte er noch schlafen können. Na gut, half nichts und er stapfte planlos weiter. Plötzlich stand Lissy da. Mit seitwärts eingestemmten Armen stand sie vor ihm. „Wo hast du meinen Bären, Pitt" redete sie ihn mit Nachdruck an. Pitt stotterte verlegen: „Ich habe ihn verloren...es tut mir leid!" Lissy starrte ihn wortlos an, dann begann sie unvermittelt zu weinen. Pitt war wirklich ratlos, was sollte er tun? Er wiederholte noch einmal: „Es tut mir leid – soll ich ihn dir ersetzen?".

Lissy schaute ihn empört aus verweinten Augen an und schrie: "Bombo kann man nicht ersetzen!" Dann drehte sie sich um und rannte fort. Pitt blieb betreten zurück – was sollte er jetzt machen? Am besten ablenken. Er überlegte, dann fiel ihm ein, dass am Sonntag Nachmittag immer viele Leute in das Museum gingen, vielleicht schaffte er es – irgendwie hineinzukommen ohne zu bezahlen. Er hatte nur noch 50 Cent und es sah nach Regen aus. Nach Hause wollte er auf keinen Fall. Zwei Stunden später hatte er es geschafft, sich an der Kasse vorbei zu mogeln. Er betrachtete sich die ganzen Maschinen-Innenteile von den Oldies, die ihn brennend interessierten, und er hatte Bombo so in sein Hemd gesteckt, dass er durch den Kragen auch alles mit ansehen konnte.

Erst zur Schließungszeit – als er schon mehrfach aufgefordert worden war zu gehen, – begab er sich in Richtung Ausgang. Blitzartig kam ihm vor dem Drehkreuz eine Erleuchtung und er verschwand in einer Türe mit der Aufschrift 00 Männer. Keiner hatte ihn gesehen. Er wartete lange, bis es total still war. Keiner hatte in den Toiletten nachgesehen. So saß er lange mit hochgezogenen Beinen auf der Klobrille und döste ein wenig. Langsam fasste er sich ein Herz, schloss die Klotüre auf und lugte durch die nächste Türe. Alles still und im Dämmerlicht - das war gut, so konnte man ihn auch nicht sehen. Er schlich sich die große Treppe hinauf und schlenderte durch die Räume. Sein Magen knurrte und er überlegte, ob wohl in dem Cafe des Museums etwas Essbares zu finden wäre. Tatsächlich entdeckte er ein paar braune vergessene Bananen und ein paar Zuckerstückchen. Und er stiebitzte auch eine Riesen-Cola aus dem Regal.

Dann machte er sich weiter auf durch das Museum. Er erkundete alles, was ihn interessierte – im Halbdunkel konnte er recht gut sehen. Gegen Mitternacht wurde er ziemlich müde und er ging in die Abteilung „Frühe Bauernhöfe am Anfang des Jahrhunderts", dort schlief man damals noch auf prallen Strohsäcken. Na ja, besser als nichts. Er ließ sich auf einem der Schlafplätze nieder. Er legte Bärchen neben sich und nach einem kurzem Plausch schliefen die beiden ein.

Er wachte durch ein lautes Summen auf, scheinbar waren alle Geräte auf einmal eingeschaltet worden. Viele Lichter gingen an, sogar sein Strohsack wurde hell erleuchtet. Schnell packte er Bärchen in sein Hemd und verließ den Schlafplatz. Am besten, er versteckte sich irgendwo, bis die ersten Besucher kamen. Er hatte keine Ahnung, wie spät es war. Er suchte einen passenden Platz und fand ihn auch in der Bauernabteilung, - in der hintersten Ecke eines Ziegenstalls. Dort war er auf keinen Fall zu sehen. Eine ausgestopfte Ziege starrte ihn mit ihren Glasaugen unentwegt an, das war ihm irgendwie unangenehm, aber kaum zu ändern. Er döste noch ein wenig im Heu vor sich hin, bis er von Kinderstimmen aufgeschreckt wurde: Aha, die ersten Besucher waren schon bis hierher vorgedrungen. Er wollte noch ein wenig warten, bevor er zu den anderen trat. So verbrachte er noch einen regnerischen Tag kostenlos im Museum, - wenn auch ziemlich hungrig und durstig.

Erst am Abend des Sonntags kehrte er zurück an den Ort, der sein Zuhause war. Wieder schlich er sich so leise wie möglich in den Hausflur und auf Socken in die Küche. Sein Hunger und Durst waren überwältigend. Die Flimmerkiste lief wie immer – zum Glück war seine Mutter nicht in der Küche. Er packte seine Arme voll mit Lebensmittel aus dem Kühlschrank und das Brot. Dann schlich er auf leisen Sohlen in sein Zimmer. Gottseidank, sie hatte ihn nicht gehört. Er machte sich gleich über Käse, Wurst und Brot her (ohne Messer biss er einfach Stücke aus dem Laib). Er hatte auch eine Flasche

Wasser mitgenommen. Gesättigt und müde fiel er ins Bett und vergaß sogar, dass er Bärchen immer noch im Hemd stecken hatte. Für Bombo war diese Lage äußerst unangenehm, denn der schwere Junge lag halb auf ihm und er bekam kaum Luft. Er fing wieder an, sehr wütend auf diesen groben Pitt zu werden.

Am nächsten Morgen, als Pitt auf-wachte, überlegte er eine Weile – ein Blick auf den Wecker sagte ihm, dass er heute wieder zu spät kommen würde. Nein, er wollte auf keinen Fall mehr in die Schule, was aber konnte er tun? Wenn er sich ruhig verhielt, würde ihn seine Mutter vielleicht gar nicht bemerken. Er würde in seinem Zimmer bleiben, denn es regnete immer noch. Er holte sich sein Autobuch, das er über alles liebte, und begann Bimbo daraus vorzulesen. Am frühen Nachmittag läutete mehrmals das Telefon – bestimmt war das der Lehrer oder der Direktor oder Lissy's Mutter. Es läutete hartnäckig lange und es schien, als ob die Mutter gar nicht darauf reagierte.

Langsam wurde er auch wieder hungrig, Brot und Wurst gab es nicht mehr, und Wasser wäre auch nicht schlecht. Er beschloss, sich wieder vorsichtig in die Küche zu begeben. Es war alles still. Wie immer lief der Fernseher und er schaute vorsichtig in die Küche. Keiner da, – schnell ein paar Esswaren, die leere Flasche voll mit Leitungswasser gefüllt, und wieder ab in sein Reich. An diesem Tag läutete noch oft das Telefon, aber keiner ging dran. Er fand es ganz angenehm so in Ruhe gelassen zu werden. Er hatte genug zu Essen und zu Trinken und mit seinem Radio, das er nur ganz leise aufdrehte, hatte er auch das Gefühl, er wäre nicht allein. Auch sprach er fleißig mit Bärchen, auch wenn der ihm immer noch nicht antwortete. Er schlief viel an diesem Montag und so kam es, dass er nachts noch wach war und dachte, das wäre eine gute Zeit, um seinen Proviant aufzustocken. Wieder schlich er durch das stille, dunkle Haus zur Küche, und sah von weitem im Wohnzimmer den Fernseher flimmern, aber sonst war kein Laut zu hören. Im Kühlschrank sah es langsam ziemlich mau aus. Es waren noch Tomaten, Butter, Eier und im Eisfach noch eine Fischpackung da. Er könnte sich Spiegeleier machen, aber er fürchtete, dass der Geruch seine Mutter auf den Plan rufen würde. Aber vielleicht war sie wieder so voll, dass sie gar nichts merken würde. Er nahm sich ein Herz und schlich sich auf Zehenspitzen in das Wohnzimmer. Sie war wohl vor dem Fernseher eingeschlafen, aber sie schnarchte nicht wie sonst. Er ging näher zu ihr hin, stolperte über eine leere Weinflasche – es machte einen Höllenlärm, und er erstarrte. Aber sie wachte nicht auf – gottseidank – er schlich näher, um ihren Atem zu prüfen, der immer nach Alkohol roch, – aber diesmal roch sie anders – irgendwie komisch. Es lief ihm ein Schauer über den Rücken und er polterte raus aus dem Zimmer und lief hinauf in sein Zimmer. Schweratmend und irgendwie panisch erzählte er Bärchen, was er gerade gesehen hatte. Er wagte es nicht seinen Verdacht auszusprechen. Allmählich beruhigte er sich und versuchte sich abzulenken, er drehte das Radio etwas lauter, und fing an Autos zu malen. In dieser Nacht machte er kein Auge zu.

Am nächsten Morgen beschloss er in die Schule zu gehen. Er wollte nicht länger zu Hause bleiben – er hatte einen Verdacht, den er aber vor sich selbst verbarg. Der Lehrer unkte, als er das Klassenzimmer pünktlich betrat: "Na so was, der Pitt ist heute mal rechtzeitig da." Die ganze Unterrichts-zeit war der Junge unkonzentriert. Er blieb in der Pause im Klassenraum alleine zurück, er holte Bärchen aus dem Ranzen und sprach mit ihm: "Du Bärchen, also was meinst du, ich glaube die Mama ist tot, sie stinkt schon, und ich weiß gar nicht, was ich jetzt machen soll." Zum ersten Mal sprach Bärchen zu dem Jungen: "Mensch Pitt, du musst es der Lehrerin sagen!" Pitt war noch ungeübt, die Bärenlaute zu hören, aber irgendwie spürte er plötzlich die Worte in seinem Kopf. Und er antwortete dem Bären; ja ich glaube du hast recht, ich glaube ich muss es einem Erwachsenen sagen, warum nicht der Deutsch-Lehrerin, die ist eine der Nettesten."

Die Klingel ertönte und alle kamen angestürmt, die Pause war vorbei und die Lehrerin kam auch herein. Er zögerte bis zum Ende der Stunde und als seine Klassenkameraden schon alle den Raum verlassen hatten – nahm er seinen ganzen Mut zusammen und trat vor das Lehrerpult. „Was ist Pitt – willst Du mir etwas sagen?" - „Ja", stotterte er: „ich glaube, meine Mutter ist tot!"

Die Lehrerin starrte ihn entgeistert an. „Wie, tot?" Und Pitt erzählte ihr von heute Nacht. Die Frau Lehrerin legte einen Arm um ihn und sagte: „Komm, wir gehen zum Direktor, hab keine Angst – wir kümmern uns um alles!" Der Direktor benachrichtigte die Polizei und die Lehrerin blieb bei ihm, bis zwei Polizisten in die Schule kamen und berichteten, dass die Mutter wohl einen Herzanfall erlitten hatte. Die Lehrerin brachte Pitt dann zum Jugendamt und von dort ab ging es dann in ein Heim.

Dort ging es Pitt erheblich besser als zu Hause. Er hatte regelmäßiges Essen und man achtete darauf, dass er sich regelmäßig wusch und frische Sachen anzog. Er kam in eine neue Schule und keiner lachte ihn mehr aus. Er wurde sogar sehr gut in der Schule und jeden Abend wartete Bombo jetzt auf ihn, und in der Nacht vor dem Einschlafen erzählten sie sich gegenseitig, wie der Tag war. Pitt verstand die Bären-sprache jetzt wunderbar und er verriet keinem, dass sein Bär sprechen konnte.

Nur ab und zu dachte er noch mit schlechtem Gewissen an Lissy, aber sogar Bimbo meinte, dass die Lissy ihn nicht so sehr bräuchte wie er, und dass es okay wäre, wenn er bei ihm blieb.

Pitt wurde ein sehr liebenswerter Junge, der fleißig in der Schule lernte und seit er Fußball spielte, hatte er auch abgenommen und keiner lachte mehr über ihn im Sportunterricht. Es ging ihm jetzt richtig gut, und er war auch sehr dankbar über die vielen schönen Veränderungen in seinem Leben. Als zwei Jahre später ein kleiner Junge, der immer verlacht wurde, weil er stotterte, in das Heim kam, verschenkte er Bombo an den Jungen, weil der ihn jetzt nötiger hatte. Er verriet ihm auch, dass Bärchen sprechen konnte und ließ ihn auch seinen Namen wissen und auch Bombo war sehr einverstanden damit.

Findest du, dass der Junge es schwer hatte?

Glaubst Du dass Teddys wirklich sprechen können?
Wie würde es dir in dieser Situation gehen?

Wie findest du den Schluss der Geschichte?

Carlos und der kleine Drache

Es war einmal ein kleiner Junge, der sehr gerne in Büchern las. Alles was er finden konnte las er. Morgens beim Aufwachen, las er die Ziffern auf seinem Wecker, beim Zähneputzen die Aufschriften auf den Zahnpasten, beim Frühstück die Haferflockenverpackungen, auf dem Schulweg, die Verkehrsschilder und noch vieles mehr. Eines Tages entdeckte er in seiner Frühstücksflockenpackung einen kleinen grünen Drachen aus Plastik. Während er das Schüsselchen Müsli aß, betrachtete er ihn sehr genau und steckte ihn dann in die Hosentasche. Dort blieb er unbeachtet die ganze Zeit auch während des Unterrichts.

Auf dem Nachhauseweg jagten ihn wieder die Buben aus dem Nachbarhaus, das taten sie immer. Carlos, so hieß der Junge, war es leid sich mit diesen dummen Jungs vom Nebenhaus zu streiten und versuchte ihnen aus dem Weg zu gehen. Meist gelang ihm das auch, aber manchmal konnte er nicht schnell genug das Schulgebäude verlassen und sie hefteten sich an seine Fersen. Weglaufen half nicht viel, dann sahen sie nur, dass er Angst hatte, - das wusste er genau, deshalb versuchte er sie meist gar nicht zu beachten. An diesem Tag liefen sie wieder knapp hinter im her und riefen ihm gemeine Worte zu.

Er hörte einfach nicht hin und als er am Bäckerladen vorbei kam, ging er hinein und hoffte sie dadurch abzuschütteln. Er sah sich sehr interessiert die Süßigkeiten hinter Glas an und kramte in seiner Hosentasche. Vielleicht hatte er ein bisschen Geld darin, leider war das nicht so – nur der kleine Drache war da und der war bestimmt nichts wert. Der Bäckerladen-Besitzer fragte ihn: „Na, was soll's denn sein?" Carlos antwortete verlegen: "ich habe leider heute kein Geld dabei."- „Was hast du denn da in der Hand?" fragte der Mann. Carlos öffnete seine Hand und zeigte ihm den kleinen Drachen. „Na, gut, wenn du mir den als Pfand da lässt, dann darfst du dir was aussuchen. Du kannst mir ja morgen das Geld bringen und dann bekommst du ihn wieder". Carlos schielte durch das Schaufenster, ob die Jungs noch draußen waren und sah sie immer noch auf dem Gehweg. Gut, dachte er, dann suche ich noch eine Weile was aus, dann sind die sicherlich weg.

So kam es, dass Carlos an diesem Tag ziemlich lange im Laden blieb und mit fünf Haribo-Zuckerschlangen herauskam, aber keinen Drachen mehr hatte. Aber immerhin hatte ihn diese Verzögerungstaktik von den Jungs befreit, die schließlich verschwunden waren. Zufrieden lief er lutschend nach Hause.

In dieser Nacht schlief er schlecht. Er träumte von einem Riesendrachen, der den Namen „Furchtlos" trug und der ihn verfolgte, weil er sein Kind, den kleinen Drachen Fredi, wiederhaben wollte. Gegen Morgen erschien ihm im Traum auch noch der kleine Drache Fredi, der ihm klar machte, dass er auf keinen Fall bei dem Bäcker bleiben wollte und dass er ihm seine Mutter auf den Hals schicken würde, wenn er ihn nicht abholen würde. Schweißgebadet wachte er auf als es gerade dämmerte.

Verschlafen ging er zu seinem Sparschwein und sah nach, wie viel er gespart hatte. Es war reichlich und er nahm einen Euro heraus und war plötzlich sehr erleichtert. Er frühstückte an diesem Morgen mit gutem Appetit und machte sich über Umwege auf den Schulweg. In der letzten Stunde war er schon ganz aufgeregt. Er verließ als einer der ersten Schüler das Klassenzimmer, so hoffte er genügend Vorsprung vor den anderen zu haben. Und so war es auch, er sah wie die Jungs von gestern ganz weit hinten liefen, und ehe sie ihn erreicht hatten, war er schon wieder in dem Süßigkeitsladen. Der Bäcker begrüßte ihn erfreut und Carlos reichte ihm den Euro. „Das ist viel zuviel, du kannst dir wieder was aussuchen. Dafür kriegst du zehn Zucker-Schlangen.

Wieder schaute Carlos hinaus auf die Straße und sah auch die Jungs wieder draußen. Er drückte sich noch eine Weile an den verschiedenen Bonbon-Gläsern und Süßwaren herum, bevor er sich drei von den Schleckmuscheln heraus fischte. „Wie viel kosten die?"- „Oh, die sind noch billiger – eine fünf Cent." – „Gut dann nehme ich drei – behalten sie den Rest, ich komme morgen wieder". Der Bäcker lächelte und gab ihm den Drachen zurück. „Wie heißt der denn?" – Carlos erinnerte sich an den Traum und sagte: „Fredi". Zufrieden verließ Carlos den Laden mit drei Schleckmuscheln und dem Drachen. Die beiden Nachbarjungen waren auch längst fort.

Es folgten sieben Schultage, an denen er sich auf diese Weise fröhliche Heimwege schaffte.

Was wird wohl nach diesen 7 Tagen passieren ?
Dies ist eine Fortsetzungsgeschichte.
Was meint Ihr wie die weitergeht?
Vielleicht fällt Euch ja etwas ein.
Und vielleicht findet Carlos ja eine andere Lösung, als immer nur Süßigkeiten zu kaufen, denn die sind auf Dauer nicht so gut für die Zähne.

Poldi und Moori

Die kleine Poldine ging den langen Flur entlang. Sie lauschte angestrengt nach einem bestimmten Geräusch. Es war alles total still, kein Laut drang an ihr Ohr, wenn sie es an eine der Türen hielt. Das konnte nicht sein, dachte sie. Hinter einer diesen Türen musste er sein, - ob er schlief? Sie hatte eine Idee. Sie ging noch einmal den Flur entlang, kratzte an jeder Türe und miaute leise.

Dann an der sechsten hörte sie eine Art Winseln. Sie drückte vorsichtig die Klinke herab und schaute durch den Spalt. Nichts! Sie trat mit einem Fuß in die Kammer und sah weiter in den Raum. Da saß er und schaute sie aus seinen leuchtenden Augen erwartungsvoll an, und wedelte mit dem Schwanz.

„Hallo Hundi" flüsterte sie und wie auf ein Stichwort raste er auf sie los und schmiss sie fast um, während er an ihr hoch sprang und ihr Gesicht leckte. Poldine lachte über die ungestüme Freude ihres Findlings und schloss sorgfältig die Türe. Aus ihrem Rucksack holte sie eine Schüssel, eine Flasche Wasser und ein Wurstbrot. Hundi war offensichtlich sehr durstig, weil er sehr hastig das Wasser aus dem Schälchen schlapperte. Anschließend verschlang er das mitgebrachte Wurstbrot und als er alles vertilgt hatte, zeigte er seine Dankbarkeit mit neuen Sprüngen und Lecken an Poldis Gesicht und Händen. Sie streichelte ihn lange und überdachte dabei die Situation.

„Also, Hundi" fing sie an, „wir müssen sehr bald hier verschwinden, bevor sie mich suchen – müssen wir schon weit weg sein. Und einen richtig schönen

Namen brauchst du auch". Sie überlegte, und kurz
entschlossen entschied sie sich für den Namen
Moori. Er war ja schwarz wie ein Mohr und als sie
ihn so anredete, wedelte er heftig mit dem Schwanz,
dieser Name schien ihm zu gefallen.

Die beiden blieben bis zur Dämmerung in dem
Dachzimmerchen und schliefen Seite an Seite zu-
sammengekuschelt auf den Dielenbrettern. Als es
fast ganz dunkel war, holte Poldi ein rotes Halsband
und band es Moori um, befestigte einen Strick daran

und legte den Finger auf den Mund: „Psst, Moori, jetzt geht es los. Keinen Mucks, gell?" Sie schlichen durch das düstere Treppenhaus der Schule und gingen durch die Kellertüre nach draußen. Kein Mensch war zu sehen, hinter den Fenstern flimmerten die Fernseher, es war Nachrichtenzeit und die meisten saßen jetzt vor der Glotze. Ihr Vater würde jetzt wohl schon zu Hause sein und vielleicht schon müde vor dem Fernseher schlafen. Er würde sie sicher erst in zwei bis drei Stunden vermissen. Poldine und Moori liefen auf dem Feld-weg zwischen den Feldern in Richtung des gerade aufgehenden Mondes. Das Mädchen hatte keine Angst, sie fühlte sich an der Seite des großen tapsigen Hundes beschützt. Sie liefen stundenlang durch die Nacht. Nur eine kurze Rast unter den Obstbäumen, während sie die mitgebrachten Brote verspeisten, ließen sie zu. Poldi wollte bis zum nächsten Morgen so weit wie möglich weg sein.

Sie hatten schon zwei Dörfer hinter sich gelassen, als die Vögel anfingen, ihr Morgenlied in den Himmel zu singen. Sie fanden einen Unterschlupf in einer Scheune nahe einer Häuserreihe, im Heuboden. Das restliche Wasser wurde leergetrunken, noch ein Apfel verspeist, dann schliefen beide erschöpft ein. Poldi erwachte viele Stunden später durch die feuchte Zunge ihres Begleiters. Sie fühlte sich ausgeschlafen, aber hungrig. Sie teilten sich den Müsliriegel und Poldi sprach zu ihrem Gefährten: „Hör zu, ich muss uns was zu Essen holen, ich habe Geld hier, - aber du musst solange hier bleiben, weil wir nicht zusammen gesehen werden dürfen." Sie band Moori an einem Balken in der Scheune an und machte sich mit dem Rucksack auf den Weg. Sie holte beim Bäcker einen Laib Brot und fragte beim

Metzger nach Hundefutter. Letzteres bekam sie sogar umsonst. Es waren Wurstabfälle. Die große Wasserflasche füllte sie am Dorfbrunnen auf und dann rannte sie so schnell sie konnte wieder zurück. Moori jaulte vor Freude, als er sie kommen hörte und machte sich mit großem Appetit über die Metzgerreste her, zwischen die Poldi auch Brotstücke gemischt hatte. Beide machten sich erst wieder am späten Nachmittag auf, so hatte es sich Poldi ausgedacht: Am Tag schlafen und spielen und in der Nacht würden sie weiter- ziehen. So würde sie keiner entdecken. Um die Dörfer würden sie große Bögen machen.

Auf diese Weise wanderten - die beiden tief im Herzen verbundenen Gefährten - viele Nächte und Kilometer weiter. Eines Tages wurden sie von heftigem Regen überrascht. Schnell flüchteten sie in ein Heumännchen, wie die mit Heu zum Trocknen aufgestellten Gestelle hießen. Eng war es hier für die beiden, aber trocken, zumindest für eine Weile. Spät in der Nacht, als sie schon stundenlang geschlafen hatten, merkte Poldi, dass von unten her die Nässe hochkam. Sie und Moori begannen allmählich völlig durchnässt zu zittern. Endlich hatte der Regen aufgehört und sie konnten sich durch Bewegung beim Laufen wieder auf-wärmen. Aber das Mädchen nieste ständig und fühlte sich auch zunehmend kraftloser.

Für die nächste Nacht mussten sie sich einen besseren Platz suchen, den fanden sie schließlich auch am frühen Nachmittag in Form einer heruntergekommen alten Scheune.

Der Bauer öffnete das Scheunentor, um seinen Traktor für die Feldarbeit zu holen. Er hörte weit hinten im Heu ein Knurren, und als sich seine Augen an den dunkleren Teil der Scheune gewöhnt hatte, sah er die leuchtenden Augen eines großen schwarzen Hundes. Er nahm eine große Mistgabel aus der Ecke und wollte damit den Hund verjagen, als sein Blick auf den Lumpenhaufen, nein auf eine Gestalt fiel. Fluchtartig verließ er die Scheune, verschloss aber wieder das hölzerne Scheunentor.

Eine Stunde später fuhren die Feuerwehr, ein Krankenwagen und das Auto eines Hundefängers den Weg hoch zur Scheune. Es war nicht leicht, Moori von seinem Frauchen weg zu bringen, schließlich gelang es aber dem erfahrenen Hundefänger dann aber doch nach einiger Mühe. Zwei Sanitäter und ein Arzt kümmerten sich um die Kleine im Heu. Sie hatte hohes Fieber und glühte förmlich.

Zwei Tage später erwachte Poldi aus ihrem Fieberschlaf und stellte sofort die Frage, wo denn Moori wäre. Man holte die Sozialarbeiterin, die versuchte heraus zu finden, wer das Mädchen und wer denn Moori war. Poldi machte ihr gleich klar, wer Moori war und die Sozialarbeiterin versprach, nachzuforschen und am nächsten Tag wieder-zukommen. Ihren Namen verriet Poldi ihr nicht. Frau Mehler, die Sozialarbeiterin, kam am nächsten Morgen und erzählte Poldi, dass er im örtlichen Tierheim in Quarantäne wäre.

Poldi wollte sofort ihre Kleider und dorthin. Lange redeten die Schwestern auf sie ein, dass dies auf keinen Fall ginge, dass sie erst ganz gesund werden müsste und der Husten weg, bevor sie das Krankenhaus verlassen könne. Frau Mehler fügte dann noch hinzu: „und wenn wir deinen Namen wissen und wo du wohnst." Nun war Poldi wirklich in Nöten. Auf keinen Fall wollte sie wieder zurück zu ihrem Stiefvater und ihrer Tante, die sie immer schlugen, und so sinnierte sie die ganze Nacht darüber nach, was sie tun könnte und wie sie Moori aus dem Tierheim holen könnte.

Am nächsten Morgen hatte sie sich einen Plan ausgedacht. Als Frau Mehler wiederkam, sagte sie ihr brav ihren Namen. Sie hieße Nathalie, aber den Nachnamen würde sie erst verraten, wenn sie ihr verspräche, dass sie Moori wiederbekäme. Die Sozialarbeiterin fühlte sich ziemlich hilflos, was sollte sie tun? Schließlich versprach sie ihr, dass sie sich darum kümmern würde. Daraufhin erzählte sie ihr die nachts ausgedachte Geschichte. Sie hieße Natalie Schmidt und sie wäre entführt worden und Moori hätte sie befreit und so wären sie weggelaufen. Das wäre schon ganz lange her und sie wisse nicht mehr wie alt sie wäre, sooo lange wäre das schon her. Sie wären dann immer schon so durch das Land gezogen und Moori hätte Hasen gejagt und beide rohes Fleisch und Obst und Beeren gegessen. Die Sozialarbeiterin konnte diese Geschichte nicht glauben. Aber ein Mädchen mit diesem Namen war nicht als vermisst gemeldet geworden, weder vor kurzem noch vor ein paar Jahren. Bei der Untersuchung hatte man insgesamt sieben Knochenbrüche gesehen, die zwar alle gut verheilt waren, aber auf eine jahrelange Misshandlung hinwiesen.

Man steckte sie in eine Pflegefamilie, nachdem sie gesund war, aber dort rebellierte sie derart, dass die neue Familie sie nicht nehmen wollte. Frau Mehler, die jetzt für sie zuständig war, wusste keinen anderen Rat, als eine neue Familie zu suchen, die auch den Moori mit aufnehmen würde. Poldi hatte sie wieder und wieder an ihr Versprechen erinnert und ihr versichert, sie wäre ganz brav, wenn sie und Moori wieder zusammen wären.

So kam es dann auch. Zwei Monate später ging Natalie an der Hand ihrer neuen Pflegemutter ins Tierheim. Moori erkannte sie sofort und sprang hinter dem Gitter wie ein Verrückter herum. Er war abgemagert und die Tierpflegerin erzählte, dass er meist das Fressen verweigert und sich immer in einer Ecke verzogen hatte. Poldi – äh Nathalie war glücklich, wieder mit Moori zusammen zu sein und freute sich auch sehr über den neuen Namen. Sie verriet niemals wie sie wirklich hieß und irgendwann vergaß sie es auch und sie empfand sich als echte Tochter der neuen Eltern, die sie nach drei Jahren adoptierten.

Was denkst Du über Poldi ?
Wieso war sie nur mit dem Hund unterwegs.
Hatte sie keine Familie?
Wie ist das möglich?

C'est la vie

Sie hatte ihr Netz bald fertig. Seit dem Morgengrauen webte sie pausenlos daran. Die ersten Flügler würden bald kommen. Sie würden die Fäden glitzern sehen im Morgentau und davon so geblendet sein, dass sie sich leicht verfangen würden in ihrem im Sonnenlicht vibrierenden Kunstwerk. Schnell noch die letzten Verdichtungen an der Aufhängung. Schön stabil sollte alles sein, sogar ein größeres Insekt würde sich darin verstricken. Endlich war es soweit. Stolz betrachtete sie ihr Werk. Nun war sie aber müde und verkroch sich an dem Befestigungsast hinter einem Blatt. Sie erwachte vom Zittern ihrer sorgfältig gewebten Klebefäden und spurtete hellwach ins Zentrum: ‚Mist' dachte sie, als sie das Loch in ihrem Werk sah. Das war sicher wieder einer dieser dicken braunen Käfer, die jetzt im Frühjahr brummend umherflogen. Sie seufzte hörbar (natürlich nur für Spinnenohren) und machte sich – immer noch ausgelaugt und müde – aber gleich emsig an das Ausbessern. Diesmal sah das fertige Fangnetz nicht mehr so perfekt aus. Nun, es war eben geflickt und nicht nigelnagelneu. Aber es würde seinen Zweck erfüllen. Die Tautropfen hingen auch noch darin, – alles war also in Ordnung.

Lauernd und hungrig saß sie wieder hinter dem Ast. Sie musste eingedöst sein, denn sie erwachte unsanft. Irgendetwas hatte sie schwer getroffen und sie aus ihrem Versteck geschleudert. Noch im Flug überlegte sie, was das wohl gewesen war und konnte sich gerade noch kurz vor dem Boden durch einen blitzschnell gewebten Faden und mit Hilfe eines Windstoßes auf einem der unteren Äste abbremsen.

Das war knapp. Nicht dass sie einen solchen Sturz nicht überlebte hätte, sicherlich wäre sie auf ihren acht Beinchen schadenfrei aufgekommen, aber dort unten am Boden lauerten viele Gefahren. Inzwischen hatte sie begriffen, dass ein Regentropfen sie voll getroffen hatte. Sie war völlig durchnässt und dadurch auch schwerer als sonst. Der aufkommende Wind machte es ihr auch nicht gerade leicht, schnell wieder an ihrem gewebten Faden zu ihrem Netz aufzusteigen. Schließlich aber schaffte sie es, gerade noch rechtzeitig, zu den Blättern des Astes, an dem sie die eine Seite ihres Fanggebildes befestigt hatte. Mittlerweile hatte es mit einer solchen Heftigkeit angefangen zu regnen, dass ihr Angst und Bange wurde. Unter den Blättern aber war sie einigermaßen sicher. Hoffentlich regnete es nicht sehr lange, sonst konnte sie ihr schönes Netz vergessen. Es würde zerstört sein und sie müsste ein Neues bauen, - und alle Arbeit des Morgens wäre umsonst gewesen. Es wurde langsam Zeit. Sie musste unbedingt bald Beute machen, die Eier in ihrem Hinterteil wollten endlich gelegt werden.

Nach endlosen Stunden ließ sich dann die Sonne wieder blicken, und die Spinnin lugte vorsichtig unter den Blättern hervor. So ein Pech, es war beinahe nichts mehr zu sehen von ihrem Netz. Da war nichts mehr zu flicken und zu retten, da musste ein Neues her. Das hieß Arbeit, Arbeit, Arbeit. Aber zum Glück sind Spinnen sehr fleißig und deshalb machte sie sich sofort daran.

Nach weiteren zwei Stunden leuchtete ihr neues Netz bereits wieder im Sonnenlicht. Sie legte sich wieder auf ihren Beobachtungsposten unter einem Eichenblatt. Es dauerte nicht lange und die gespannten Fäden zitterten heftig. Es musste ein großes Tier sein. Sie rannte los, um so schnell wie möglich die Beute einzuwickeln, damit sie nicht mehr entwischen konnte. Sie stutzte, da hatte sich gar niemand verfangen, warum nur hatte sich das Netz so heftig bewegt? Dann spürte sie plötzlich, wie sie hochgehoben wurde und war plötzlich dunkel um sie.

„Schau Papi, ich habe eine Spinne gefangen. Sie ist hier drin, in der Streichholzschachtel" rief Peterle. Sein Vater antwortete ihm: „Das ist gut, dann haben wir ja schon eine schöne Mahlzeit für dein gefundenes Vögelchen".

C'est la vie heißt „So ist das Leben" und ist Französisch!

Wusstet ihr, dass Spinnen ihre Eier in die Körper ihrer gefangen Beutetiere einlegen?

Was wisst Ihr noch über Spinnen?

Pullmunella (oder auf der Schiene leben)

Seltsam, - es lief eigentlich alles gut, dennoch Pullmunella fühlte sich irgendwie unter Druck und unter Spannung. Es fühlte sich an, als fehle ihr etwas Wesentliches. Auf stillgelegten Gleisen, in einem alten Güterwagon, zog sie durch die Lande. Auf diese Weise konnte sie das ganze schöne Land bereisen. Es war etwas anstrengend, weil sie sich mit der manuellen Hebelmaschine (früher nannte man sie eine Draisine) fortbewegen musste, aber niemand zwang sie in einem bestimmten Tempo zu fahren oder eine gewisse Anzahl von Kilometern hinter sich zu bringen, und es hielt sie fit. Sie fuhr nun schon über 30 Jahre auf diesen Gleisen und sie kannte sich entlang dieser Schienen gut aus. Manchmal war da ein Acker, der letztes Jahr gelb von Senfpflanzen blühte, im nächsten Jahr war er grün vom Klee oder plötzlich lag eine Kuhweide vor ihr, wo sonst nur ein Kornfeld war. Aber eigentlich veränderte sich nicht viel, außer den Jahreszeiten, die ihre wunderschönen, wechselnden Farben in die Landschaft zauberten und sie immer wieder verwandelten. Sie liebte diesen ständigen Wechsel auf ihren Fahrten. Sie richtete es so ein, dass sie mit ihrem Güterwagon immer zu einer anderen Jahreszeit auf den zuletzt gesehenen Ort traf. So hatte sie eine Menge Abwechslung auf ihren Reisen.

Natürlich gab es auch andere Variationen und Ereignisse, die ihr Leben abenteuerlich gestalteten. Die Schienen führten manchmal durch lange Waldgebiete und dort war es oft in mondlosen Nächten ziemlich unheimlich. Im Winter sah und hörte sie viele Wölfe heulen. Auch Bären kamen nachts des Öfteren und sie konnte an den Holzplanken ihres Wagons schnuppern und kratzen hören. Sie rochen wohl die Essensvorräte, die sie mit sich führte. Aber das Holz war stabil. Sie tauschte morsche Stellen immer sofort aus und bestrich sie mit neuer Farbe. Der Güterwagen sah deshalb bunt aus wie ein Flickenteppich. Sie hatte ihn reichlich mit Blumen, Landschaften, Tieren und Märchengestalten bemalt. Ihr fiel immer wieder etwas Neues für die Gestaltung ihres „Zuhauses" ein. Überall, wo sie hinkam, bewunderten vor allem die Kinder ihren fahrbaren Untersatz.

Sie lebte ihr Leben in diesem Wagon. Mal fuhr sie umher, mal blieb sie an einem Ort. In manchen Orten fand sie eine Arbeitsstelle, dann war er nur ihr Schlafplatz. Zur Erntezeit fuhr sie durch die Felder und Wälder um einen Vorrat an Kräutern, Tee und wilden Früchten für den Winter zu sammeln. Nach 30 Jahren des Umherreisens kannte sie beinahe jedes Hälmchen auf der Strecke. Schließlich war sie dazu übergegangen, Tee und Kräuter auf ihren Touren zu verkaufen. Inzwischen kannten sie die Leute überall. Manche warteten im Frühjahr schon auf sie, weil ihnen die Vorräte längst ausgegangen waren. Es war ein ganz einträgliches Geschäft. Sie konnte sich von dem eingenommenen Geld ab und zu ein neues Kleidungsstück und die Lebensmittel, die sie nicht in der Natur fand, kaufen. So war sie gut versorgt. Wasser holte sie aus den noch sauberen Bächen und Holz für ihren kleinen Ofen lag an bestimmten Rastplätzen, das sie dort reichlich angehäuft hatte.

Eigentlich hatte sie alles, was sie für ein gutes Leben brauchte. Man könnte meinen, sie wäre vielleicht einsam gewesen, aber sie empfand das nicht so. Sie hatte ja den kleinen Forty, den sie nach der Glücksgöttin Fortuna benannt hat. Denn sowohl für sie als auch für das kleine Hündchen war es ein Glücksfall, dass sie sich gefunden hatten. Beinahe hätte sie ihn mit ihrem Wagon überrollt. Obwohl sie höchsten zehn Kilometer in der Stunde (mit Rückenwind) vorwärts kam, hatte sie ihn fast zu spät entdeckt. Ein gemeiner Mensch hatte ihn mit einer Schnur an die Schienen gebunden. Wenn sie ihn nicht gefunden hätte, wäre er wohl jämmerlich verhungert. Gerade noch rechtzeitig konnte sie abbremsen, und als sie den Kleinen hochhob, war er schon völlig entkräftet und ausgetrocknet. Er japste nach Luft und war ziemlich abgemagert. Sein Blick ging ihr durch Mark und Bein. Sie befreite ihn von seinem Strick und trug ihn voll Mitgefühl in ihr Zuhause. Dort päppelte sie ihn auf und freute sich über seine Genesung. Langsam wurde er kräftiger und lebendiger. Die Fress-Schüssel, die sie ihm hinstellte, leerte er in Blitzgeschwindigkeit, und allmählich kam das Leuchten in seine Augen zurück.

Er wich nicht mehr von ihrer Seite und sie freuten sich sehr aneinander. Sie unternahmen lange Spaziergänge, was sie beide liebten, und noch in einem anderen Punkt ähnelten sie einander. Sie hatten beide immer wieder Phasen von Schwermut. In diesen Zeiten lagen sie auf der Wiese und ließen sich den Pelz von der Sonne bescheinen, bis die Schwere aus ihren Körpern wich. Bei Forty konnte sie gut verstehen, warum er traurig war, schließlich wurde er vor Kurzem verlassen und wirklich schlecht behandelt. Aber warum sie solche Anfälle von tiefer Traurigkeit hatte, verstand Pullmunella nicht. Es ging ihr gut und alles war in Ordnung. Das Beschäftigen,

Planen und Umsetzen zum Überleben machten ihr doch Spaß. Sie hatte immer neue Ideen, wie sie sich ihr Leben erleichtern konnte. Es war ein ständig kreativer Prozess, über dessen Ergebnisse sie sich lange Zeit freuen konnte.

In den dunklen Phasen war sie sehr nachdenklich und grübelte über den Grund ihrer düsteren Gedanken, die auf ihrer Seele lasteten. Die letzten 20 Jahre hatte sie kaum mehr über sich selbst nachgedacht. Sie lebte von Tag zu Tag, ausgefüllt mit von den Dingen, die im Heute geschehen. Da blieb keine Zeit für Grübeleien. Aber jetzt, in diesem Sommer, in den Stunden des Müßigseins, kamen Erinnerungen an ihre früheren, schweren Zeiten.

Sie schüttelte ihre Gedanken ab wie ihr Hündchen es immer tat, wenn es aus dem Bad in einem der Bäche kam. Nein, sie wollte nicht über die Vergangenheit nachdenken, was sollte das schon bringen, und außerdem hatte sie sowieso das meiste vergessen, und das war auch gut so. Sie rief nach Forty, um mit ihm über die Wiese zu laufen und herumzutollen. Ihr treuer Begleiter bellte vor Freude. Danach fielen sie ermattet auf das grüne, weiche Gras und hielten ein Mittagsschläfchen.

Etwas später waren die beiden schon wieder dabei, Holz zu sammeln und Essbares zu suchen. Sie aßen Frühlingssalat mit Löwenzahn, Sauerampfer, ausgepuhlte Bucheckern und selbstgebackene Fladen aus Getreidekörnern vom letzten Sommer mit Weizenkeimen. Der Nachtisch blieb aus, wenn die Beeren noch nicht reif waren. Forty mochte dieses gesunde Essen natürlich nicht und bekam sein geliebtes Trockenfutter, das sie immer säckeweise mit sich führte.

Pullmunella erzählte während der Mahlzeiten ihrem Hündchen von den neuen Plänen, die sie für diesen Sommer hatte. Sie wollte etwas Neues versuchen. Sie hatte eine Katzengeschichte geschrieben und ein paar Handpuppen gebastelt. Diese wollte sie in den Orten, in die sie kamen, für die dort lebenden Kinder aufführen. Sie baute eine kleine Bühne, die hauptsächlich aus Tüchern bestand. Forty sollte ein rotes Kinder Jäckchen anziehen, sich vor das Zelt setzen, vor sich einen Hut und ein kleines Plakat, das die Aufschrift trug: „Bitte eine Spende für mich!" Sie hoffte, dass die Kinder in großer Zahl erscheinen würden und freute sich schon riesig auf die erwartungsvollen Gesichter. Aber noch waren viele Vorbereitungen zu treffen. Die Tücher mussten umgenäht, Plakate gemalt und Puppen ausstaffiert werden, und das alles neben den anderen Dingen, die lebensnotwendig waren und auch getan werden mussten.

Dann kam der wichtige Tag. Es war ein Freitag, als sie in einem Dorf ankamen, wo sie den ersten Versuch starten wollten. In der Dämmerung fing sie an, ihre Handzettel mit der Ankündigung zu verteilen, dass am Samstag und am Sonntag jeweils um 15.00 Uhr ein Puppenspiel für Kinder aufgeführt wird. Es sollte „Bobo und der Maulwurf" heißen. Dazu hatte sie drei Handpuppen vorbereitet. Eine schwarze Katze, einen Maulwurf und eine Kuh, die sie alle aus Pappmaschee hergestellt hatte. Die Katze trug ein schwarzes, selbstgestricktes Wollkleid, die Kuh bestand nur aus einem Kopf mit Hörnern und heraushängender Zunge. Der Maulwurf war ihr gut gelungen und hatte tolle Schaufeln an seinen Beinen.

Sie war sehr gespannt, ob und wer alles an ihrer Darbietung interessiert war. Ab zwei Uhr am Nachmittag drückten sich schon ein paar Kinder scheu und neugierig um den bunten Wagen herum. Pullmunella konnte von drinnen verschiedene Gesprächsfetzen hören: „Sie ist eine Hexe, hat die Mama gesagt. - Nee, iss sie nich! Sie ist eine alte Frau und guck', sie hat einen süßen Hund". Um 15.00 Uhr hatten sich mindestens 15 Kinder und ein paar Mütter eingefunden und Pullmunella begrüßte sie alle und stellte sich vor: „Ich bin die Fahrende Pullmunella", die euch heute mit einem kleinen Theaterstück erfreuen möchte!"
Sie präsentierte mit großer Geste ihren Meister Forty, der bereits brav mit Schleife und Jäckchen vor dem noch leeren Hut saß. Dann verschwand sie hinter den knallroten Bühnentüchern, und betätigte eine Glocke als Zeichen für den Beginn. Die aufge-

führte Geschichte handelte von einem Kater namens Bobo, der den Maulwurf Maulus erwischte, und der mit Redegewandtheit um sein Leben kämpfte. Die Kuh kam nur am Rande vor und bereicherte die ganze Szene mit lautem Muhen.

Pullmunella hatte sich ein kleines Loch in den Vorhang gemacht um sehen zu können, wie begeistert die Kinder waren. Am Ende der Geschichte ertönte tatsächlich Beifall und die Kinder durften ein paar Münzen, die sie von ihren Müttern erhielten, in Forty's Hut werfen, der jedes Mal vor Freude mit dem Schwanz wedelte. Pullmunella bedankte sich überschwänglich mit einer tiefen Verbeugung und wies noch einmal darauf hin, dass sie am nächsten Tag noch eine Vorstellung geben wollte. Sie freute sich außerordentlich über den Erfolg, und im Hut hat es auch ganz schön geklimpert.

In dieser Nacht schlief sie besonders tief und wachte sehr erfrischt auf.

Tatsächlich herrschte am nächsten Tag großer Andrang als es auf 15.00 Uhr zuging. Es war die etwa doppelte Menge von Kindern gekommen, und auch die Erwachsenen waren zahlenmäßig mehr als am Vortag. Auch diese Vorstellung war ein voller Erfolg. Das Geld, das sie dadurch einnahm, konnte sie gut gebrauchen.

So zogen Pullmunella und Forty in diesem Sommer durch das Land und erfreuten viele Kinder und auch Erwachsene. Es blieb kaum noch Zeit, Kräuter und Samen zu sammeln, aber sie wollte diesen Sommer wirklich ernsthaft die Idee mit dem kleinen Theater leben. Es machte ihr außerordentlich Freude, die strahlenden Kindergesichter zu sehen, und ihre Herzen zum Lachen zu bringen.

In diesem Sommer waren die Erträge aus der Natur wesentlich geringer, aber sie konnte dafür wegen der Einnahmen ihrer Theatervorstellungen auch mehr kaufen. Nur die Menschen, die sie seit Jahren mit ihren Kräutern und Tee versorgte, waren ein wenig enttäuscht, weil sie leer ausgingen.

Im Winter erdachte sie eine neue Geschichte und hatte Zeit an der Planung und der neuen Ausstattung zu arbeiten. Von da an zogen sie jeden Sommer mit immer neuen Theaterstücken durch die Lande. Sie brachten Groß und Klein viele fröhliche, besinnliche Stunden. Und wenn du einen bunt bemalten Güterwagon siehst, dann schau genau hin, ob das nicht die Pullmunella mit Forty ist.

Was gefällt Dir am besten an der Geschichte?
Hättest Du auch Lust mit Pullmunella mitzufahren?
Wenn ja - warum?

„Gib mir den Stock da, Mädchen" rief der Vater Carla zu.

„Warum?"

„CARLA!" mahnte der Vater.

„Aber…-"

„Nix aber, gib mir sofort den Stock." Die harte Stimme des Vaters hatte einen drohenden Unterton. Carla wusste, jetzt half nur noch den Mund zu halten. Sie reichte ihm den Stock hinüber. Kurz darauf hörte sie Paddy aufheulen. Warum schlug er ihn bloß immer, er hatte doch nichts getan. Carla hielt sich die Ohren zu und presste die Augenlider aufeinander. Nach endlos langer Zeit öffnete sie Augen und Ohren wieder, der Vater war verschwunden und sie ging zögernd zu dem Verschlag.

Paddy kroch blutüberströmt und winselnd auf dem Bauch in ihre Richtung. „Oh, mein Gott, wie hat er dich wieder zugerichtet," flüsterte sie und streichelte ihn vorsichtig an nicht blutenden Stellen. Was sollte sie nur tun? Er würde den Hund irgendwann noch einmal totschlagen. Sie legte Paddy auf die verschmutzte Decke und redete leise beruhigend auf ihn ein. Carla war völlig verstört, wie konnte ihr Vater das nur tun? Immer tobte er seine Wut an dem armen Hund aus.

Einmal war sie dazwischen gegangen, aber das Ergebnis war ähnlich wie das, was sie da vor sich liegen hatte. Sie war zwei Wochen zu Hause eingesperrt gewesen, bis die Wunden verheilt und kaum mehr zu sehen waren. Sie hatte sich selbst die Verbände gemacht, so recht und schlecht. Sie erhob sich vom Lager des Hundes und dachte: ihn muss ich jetzt auch verbinden. Sie schlich vorsichtig ins Haus. In der Küche sah sie den Vater mit dem Kopf auf der Tischplatte. Gut, er schlief seinen Rausch aus. Sie holte leise das Verbandszeug und eine Schüssel mit warmen Wasser. Im Hundezwinger säuberte sie dem winselnden Paddy das Fell vom Blut. Manche Wunden sahen schlimm aus. Carla liefen die Tränen über die Wangen. Was konnte sie nur tun? Paddy sah sie mit traurigen Augen an und leckte ihr tröstend über das Gesicht. Sie schlief in dieser Nacht in der Hundehütte. Eng aneinander gekuschelt verbrachten sie die Nacht.

Am Morgen dämmerte es schon, als sie aus der Hütte kroch und ihre steifen Glieder streckte. Sie hatte unruhig geschlafen und immer wieder über eine Lösung nachgedacht und schließlich sogar eine gefunden. Schweren Herzens hatte sie einen Plan gefasst. Sie würde zu ihrer Tante zwei Dörfer weiter laufen und dort ihren Paddy lassen.

Tante Margot würde sicherlich gut auf Paddy auf-passen und ab und zu könnte sie ihn wenigstens dort besuchen. Sie schlich in die Küche und holte Proviant, packte alles in ihren Rucksack und holte Paddy aus dem Zwinger. Sie liefen schnell, bevor sich Leben in den Häusern regte, und wanderten erst wieder langsamer, als das Dorf nicht mehr in Sichtweite war.

Es dunkelte schon, als sie bei der Tante anka-men. Die empfing sie mit offenen Armen und schien sich richtig zu freuen. Nach einer herzhaften Mahl-zeit erzählte sie der Schwester ihrer Mutter von der Situation zu Hause. Tante Gerda war entsetzt, sie hatte keine Ahnung davon gehabt. Sie hatte sich mit

Carlas Vater nicht sehr gut verstanden und kaum Kontakt mit ihm gehalten. Sie meinte zu dem Mädchen: „Du bleibst jetzt bei mir und Paddy auch." Doch Carla wollte ihren Vater nicht alleine lassen. Sie liebte ihren Vater und sie wusste, dass er sehr traurig war, weil ihre Mutter vor einem Jahr gestorben war. Wenn sie jetzt auch noch wegbleiben würde, würde ihr Vater sich sicherlich zu Tode trinken. Sie rief am gleichen Abend noch ihren Vater an und sagte ihm, er solle sich keine Sorgen machen, sie würde nur eine Nacht bei ihrer Tante bleiben.

Am nächsten Tag fuhr ihre Tante sie in die Schule ohne Paddy. Er sollte bei ihr bleiben und sie würde ihn so oft es ging besuchen. Bei ihr war er gut aufgehoben und sie war bereit, aus Liebe zu ihm tagelang auf ihn zu verzichten. Nach der Schule lief Carla sorgenvoll nach Hause. Der Vater war in der Arbeit. Sie bereitete ihm wie immer ein Süppchen vor, so wie sie es gelernt hatte. Vom Fenster aus sah sie am späten Nachmittag den Vater langsamen Schrittes den Kiesweg heraufkommen. Sie fühlte all seine

Schwere und Traurigkeit in seinem Gang. Wortkarg wie meistens ließ er sich am Tisch nieder und löffelte seine Suppe. Dann fragte er nach dem Hund. Carla sagte, sie hätte ihn bei der Tante gelassen. „Warum?" lautete seine Frage. Das Mädchen schwieg einen Moment, dann fasste sie sich ein Herz und sagte: „Weißt du Vater, bei Tante Gerda geht es ihm viel besser. Du schlägst ihn ja nur und ich liebe Paddy und will nicht, dass du ihm weh tust." Der Vater schaute sie lange an und anschließend noch länger in den halb geleerten Teller. Dann verließ er den Raum. Carla räumte den Tisch ab und suchte dann ihren Vater. Sie fand ihn weinend auf dem Bänkchen vor dem Haus. Ganz vorsichtig nahm sie neben ihm Platz und streichelte seine große Hand. Da schluchzte er vollends und schlug seine Hände voll Scham vor sein Gesicht. Carla schmiegte sich ganz nah an ihn und weinte mit ihm.

Nach gut einer Stunde erhob sich der Mann, nahm das Mädchen an der Hand und sagte: „Gehen wir rein, Mädel, es wird kalt," und dann fügte er noch hinzu: „Ab Morgen wird alles besser werden. Geh jetzt ins Bett." Carla blieb an diesem Abend noch lange wach, sie konnte nicht einschlafen und dachte über den Satz: ‚Ab Morgen wird alles besser' – nach. Was bedeutete das? Als sie dann auch noch eine Stimme im Wohnzimmer hörte, schlich sie sich leise barfuß aus dem Bett und lauschte vor der Türe. Sie hörte wie ihr Vater mit jemanden telefonierte, wahrscheinlich mit seiner Schwägerin, ihrer Tante: „Ja, so wird es am besten sein, du nimmst solange das Kind, bis ich aus dem Entzug komme. Du hast recht, so kann es nicht weitergehen, ich sehe es schon ein."

Carla schlich wieder in ihr Bett und dachte noch lange über die gehörten Worte nach, bis sie schließlich einschlief.

Nach der Schule wartete schon ihre Tante mit Paddy vor dem Tor. Ihr Hündchen konnte sich kaum beruhigen und sprang ständig an Carla hoch - vor lauter Wiedersehensfreude. Ihre Tante erklärte ihr jetzt alles. Ihr Vater wollte einen Alkoholentzug in der Klinik machen. Sie und Paddy sollten solange bei ihr bleiben. In etwa sechs Wochen würden sie dann wieder zurück in die Wohnung können, und der Vater würde nicht mehr trinken.

„Er hat mir heute Morgen noch gesagt, ich solle dich von ihm grüßen und dir sagen, dass er dich ganz lieb hat, und es ihm leid tut, dass er seine Traurigkeit an Paddy ausgelassen hat."

Tante Gerda erklärte Carla, dass es viele Menschen gibt, die versuchen, ihre Traurigkeit oder ihre Wut im Alkohol zu ertränken, aber dass es dadurch immer noch schlimmer wird. Es gäbe eine Krankheit, die Alkoholismus heißt, und da hilft halt nur, gar nix mehr zu trinken, keinen Tropfen. Aber da ihr Vater schon so lange getrunken hatte, wäre jetzt noch ganz viel Alkohol in ihm und deshalb müsse er in einer Klinik – das nennt man Entzug – erst wieder ganz nüchtern werden. Er dürfe dann danach wirklich keinen Tropfen Alkohol mehr trinken, nicht einmal eine Schnapsbohne, sonst wäre er wieder abhängig und alles finge von vorne an. Aber es gibt Menschen, die das Jahrzehnte durchhalten und nie mehr getrunken haben. Und ihr Vater würde das sicher auch schaffen, denn schließlich hätte er dafür ja auch einen guten Grund, denn er hat eine so prächtige Tochter, für die er doch da sein möchte, weil er Carla liebt!

Das Mädchen war sehr froh, dass sie jetzt nicht mehr alleine ihre Sorgen tragen musste, und dass auch Paddy wieder jeden Tag um sie sein konnte.

Findest du diese Geschichte traurig?

Weißt du was ein Alkoholiker ist?

Kennst du jemand der abhängig ist?

Findest du die Clara mutig?

Weitere Geschichten finden sich auf der Website
https://hilger-geschichten.jimdo.com
und auf
https://www.bookrix.de/-ai98406389dcf85/